企业经营管理概论

刘永龙 著

吉林科学技术出版社

图书在版编目（CIP）数据

企业经营管理概论 / 刘永龙著． -- 长春 ：吉林科学技术出版社，2020.11

ISBN 978-7-5578-7902-0

Ⅰ．①企… Ⅱ．①刘… Ⅲ．①企业经营管理 Ⅳ．① F272.3

中国版本图书馆 CIP 数据核字（2020）第 221374 号

企业经营管理概论

QIYE JINGYING GUANLI GAILUN

著　　者	刘永龙	
出 版 人	宛　霞	
责任编辑	朱　萌	
封面设计	李　宝	
制　　版	张　凤	
开　　本	16	
字　　数	220 千字	
页　　数	164	
印　　张	10.25	
印　　数	1-500 册	
版　　次	2021 年 3 月第 1 版	
印　　次	2021 年 3 月第 1 次印刷	
出　　版	吉林科学技术出版社	
发　　行	吉林科学技术出版社	
地　　址	长春市福祉大路 5788 号	
邮　　编	130118	

发行部电话／传真　0431—81629529　　81629530　　81629531
　　　　　　　　　81629532　　81629533　　81629534

储运部电话　0431—86059116

编辑部电话　0431—81629520

印　　刷	北京宝莲鸿图科技有限公司	
书　　号	ISBN 978-7-5578-7902-0	
定　　价	50.00 元	

前　言

　　企业经营活动的目标就是让利润能够实现最大化。当前经济在不断地发展，有一些企业不能及时的跟随时代变化而调整经营管理模式，这就使得企业的生存和发展受到了影响。现阶段市场竞争日益激烈，企业要想实现长久的发展，就需要及时的改善经营管理模式，基于此，本文分析了企业经营管理能力提升的对策。

　　企业经营管理工作具有重要意义，其效果会直接影响到企业的发展，然而在经营管理的过程中存在很多的影响因素，使得管理的效果受限，其中一个很重要的一点就是经营管理能力。所以，当前企业就需要注重加强经营管理能力，有关管理人员需要积极探索和运用有效的措施，促进该能力的提升，让企业能够得到更好的发展。

　　当前市场竞争不断加剧，企业之间的竞争也体现在人才以及智力方面的竞争。人力资源管理具有重要作用，现阶段其在企业中的重要性也不断提升，企业要想实现长远、稳定的发展，就需要加强人力资源管理。所以，管理者需要全面意识到人力资源管理的重要性，进而对管理的各项工作进行优化以及健全，比如，对于人资管理，就需要提升其人性化、系统化和科学化管理，要从多个层面，如，战略选择、风险防控等，加大企业高级经营管理人员的培训，要注意对他们进行考察，规范他们的行为，还需要对高级经营管理人员的管理行为进行客观的评价，让其经营管理能力能够不断地提升。让企业的人力资源管理能够得到更好的发展，提升其规范性、高效性，促进企业战略目标的更好实现。

　　综上所述，当前社会经济在快速的发展，这也对企业经营管理带去了影响，使得企业在这方面存在一些问题和矛盾，影响了企业的发展。

　　所以，要想解决企业经营管理效益不高的问题，就需要了解工作中存在的问题，树立先进的经营管理理念，构建完善的经营管理制度，创新经营管理模式，进而促进经营管理效率和效果的提升，促进企业实现更好的发展。

目录

第一章 企业经营管理的理论研究

第一节 企业经营管理决策

决策是指在几个方案中作一选择，决策正确与否，关系到企业兴衰。文章主要论述决策的含义、决策行为特征、决策基本要素、决策程序、决策原则，供经济界参考。

一、决策的重要性及其含义

决策关系到国家和企业的兴衰，如日本，由于决策正确，由资源小国成为经济大国。又如美国，在第二次世界大战前还是一个大量引进外国科学技术的国家，可是在战后不久，竟成为世界科学技术的中心，这个奇迹也是由于决策正确所致。决策决定着企业的兴衰，如济南三株集团公司经营失败是由于决策失误引起的。

所谓决策，乃是在几个可能的方案中作一选择。如企业生产什么，不生产什么，生产多少是一种选择。它主要研究决策的含义、决策要素、决策理论、决策原则、决策方法等。

二、决策行为特征

决策行为的智能性。决策的全过程要运用知识、信息和经验，是一种智能活动；决策行为的实践性。决策是对现实和未来实践活动的一种设计和选择，具有明显的实践性；决策的目的性。满足人类生存和发展的需求，是决策行为的基本目的；决策行为的社会性。每个组织和企业的决策行为，对其他企业和整个社会都产生一定的影响，这就是决策行为的社会性。

三、决策的基本要素

必须有多个可供选择的策略。如果只是一个策略，就不存在决策。

必须明确策略的实施效果。如古巴事件中，肯尼迪的参谋班子在提出六条策略的同时，也分别提出采用这六条策略时可能引出的结果。若不提出实施六条策略的结果，肯尼迪不无法进行决策。

必须明确策略实施时的客观条件。构成决策问题的不可缺少的前提是明确未来的客观条件，也就是未来实施策略时，行为主体将遇到的影响策略的外部条件，没有对未来客观条件的判断，就不能进入决策。

必须明确实施策略的目标。决策，就是为了选取达到目标的最好策略。如企业的目标定为占领高收入阶层用户市场时，就会采用"高价、高质量、高性能"的生产经营策略；如果企业的目标定为占领低收入阶层用户市场时，就会采取"低价薄利、简单实用、性能可靠"的生产经营策略。

四、决策的程序规范

发现问题。发现问题，是决策过程的起点。

确定目标。确定目标是科学决策的第一步，有经验的决策者必重视目标。

收集信息。信息是决策的基础材料，信息掌握好坏对决策的成败有着某种关键性的作用。

预测。预测是决策科学化的前提，是制订合理计划的根源，是优化控制的基础。

设计方案。为了解决问题，需要拟制方案。最优方案是很难寻找的，令人满意就是一种适用的标准方案。方案要符合总目标，这是决策活动的根本意图。

五、决策原则

方向性原则。方向性原则要求决策必须具有清晰而实际的方向性目标，这个方向性目标具有相对的稳定性，不宜频繁改动或轻易取消。方向目标不能定的太远太高，企业的方向性目标要受制于和服从于总方向目标。

系统性原则。系统性原则也称为整体性原则。决策要求把决策对象看成一个系统，以求整体最优为目的，以整体系统的总目标来协调各个子系统的目标，进行系统的综合平衡。

信息性原则。信息是决策的基础，是科学决策的基本条件。没有准确、及时、适用的信息，决策就没有根据。只有掌握了一定数量的信息，决策才能建立在可靠的基础上，做到情况明，决心大，方法对，效益好。

预测性原则。预测是决策的前提，是决策过程中一个不可缺少的环节。没有预测的决策是盲目的决策。决策正确与否，取决于对未来事物判断的正确程度。预测是由过去和现在推测未来，科学决策，必须用科学的预测来克服没有科学根据的主观臆测。

民主性原则。实行民主决策是决策的一个重要原则，是推进决策科学化的前提和条件。决策者的高明主要不在于自身的能力的强弱，而在于发扬民主有效地利用外部的能力。

可行性原则。可行性原则的具体要求，就是在考虑制约因素的基础上，进行全面性、选优性、合法性的分析，掌握可行性原则必须认真研究分析制约的因素。

科学性原则。科学性原则的基本要求：（1）具有科学的决策理论基础；（2）具有严格的决策程序；（3）建立在科学预测的基础之上；（4）决策者运用科学的思维方式进行；（5）依靠智囊团、依靠专家运用科学的决策方法、技术和手段；（6）建立并形成一个能有效运转的科学的决策体制。

经营战略是指企业发展的总规划。没有经营战略，企业就不能生存，更谈不上发展。经营战略的核心是明确企业远期目标和中近期目标，经营成败的关键是适应力或应变力，是企业的内部资源与外部环境形成的机会和风险的策略抉择。当今是企业的经济环境、技术环境、社会环境急剧变化的时代，是战略经营的时代。企业的竞争力与收益率，取决于企业经营的策略。经营战略的正确与否，不仅关系到企业发展速度的快慢，甚至关系到企业的存亡。美国企业家流行一句话："进步的钥匙""生存的钥匙""是变"，不变就会被淘汰，照搬别人的成功经验，企业不会成为一流的企业。思路和点子是无穷尽的资源，财富的源泉是点子，经营战略决策的中心问题是提高适应和应变能力，谋求中长期发展。

第二节　企业经营管理的问题

企业经营管理的质量直接关系到企业的生存，企业管理能力的强弱直接关系到企业的发展。我国企业发展主要是以两种模式为主，体制内与传统管理模式生存管理为主，企业在经营管理的同时往往受到自身的种种发展限制，无法进一步的突破。企业经营管理缺乏长久性目标与眼光、内部管理人员忙于琐事、忽视对企业自身发展市场定位等种种原因，导致企业发展欠缺针对性及没有长久的规划。企业自身管理方面，理念的滞后、财务管理混乱、强势部门权力过大。这些问题让企业面对激烈的市场竞争时寸步难行，甚至断送自己的前程。

一、企业经营管理的现状

企业经营管理缺乏详细的战略布局。我国企业在经营管理中企业缺乏长期有效的战略布局，管理层忙于管理联系客户，也忙于整体企业间的工作管理制定，往往在经营中缺乏前卫性的发展眼光，对企业自身市场定位都是出于模糊的状态，这些企业定位、长远目标的发展考虑的欠缺，让企业短期内暂无负面影响，一旦企业出现震荡，市场行情的变化企业的经营情况会迅速产生波动，往往所提前布置的风险风控也是不堪一击，企业经营迅速倒塌，失去市场份额。

企业经营管理追求短期效益。市场上相当一部分企业经营管理者自身素质的有限性，自身无法估量企业发展的变化趋势，企业领导层在制定企业发展的同时，没有站在多元化的角度分析考虑，只是盲目的在自身企业内部去思考，没有对外分析、市场行情的变化竞争对手的竞争没有从内而外的全方位的针对性分析，给出科学合理的方案。一旦企业业绩增长的同时，就开始盲目扩张忽视了自身所能承受的极限，对潜在的风险处于忽视的状态。容易盲目跟风追逐市场，缺乏自身企业经营战略的判断，对自身所制定的战略规划缺乏科学性的论证根据。一旦短期目标完成的同时，对自身企业的定位就处于停滞状态，跟着市场随大流，没有站在自身企业内外部具体情况具体分析针对性制定方案，导致企业经营管理都是借鉴照搬照抄，容易引起同行间相互竞争的负面影响。

企业经营管理实施与现实有出入。企业在经营管理是根据制定的目标战略来执行，依次分配管理，其中主要是实施与控制来保证整体的正常运营。管理层给予相应方并交由下级来层层管理，形成机制与企业评级管理机制，来进行整体保证及组织保障。虽然大部分企业都是制定了正确的目标计划，但实际管理实施起来与现实有出入，比如缺乏相应监督管理机制，实施保障机制欠缺，员工福利投入、绩效考核激励对比，企业内部资金对外投入实施不到位等。一来缺乏有效体系监管，一旦出现问题没有相应的对策措施。二来经营管理现实的出入与自身企业制定的目标战略产生影响偏差，不仅使企业效益会大打折扣，财务上报的绩效有水分，就无法提前做出准确的风险预控机制，长期日积月累则会让企业产生大问题，需要提前积累预判机制，严格把控企业经营管理是实施，建立完善的整体风控、管理、保障机制。

二、企业经营管理存在的问题

管理营销理念落后。传统管理模式的影响下，许多企业的营销战略管理理念缺乏创新意识，往往落后于实际速度，跟不上时代步伐，利润巨大的背后是先进企业营销策略的概念领先。在营销人员选择和引进方面，例如，许多公司在营销领域的人员选择不是为了讨好裙带关系就是直系。尤其是国有企业，这种现象极其严重，从而导致企业营销策略变得落后，跟不上发展的步伐。

责、权分明不明确。虽然有些企业已经建立了看似合理的职能部门，也建立了相应的岗位制度，但在部门工作中仍然存在问题。关键在于责任、权利不明确，虽然每个人都有责任规定，但往往由于权力的不明确、利益的不公平，缺乏足够的空间来激励员工的工作，做得好和不好的表现流于形式。

财务管理模式混乱。企业财务监督权利不明，责任权力大小不明确。领导层高于其他部门的权利，直接参与企业的最高决策。经济贸易日益复杂，金融监管变得更加深刻和广泛。当下，建立有效的财务监督职能，建立适合现代企业制度的财务监督制度，具有十分重要的意义。企业缺乏健全的金融监管机制，例如，利用财务信息进行非法财务工作，以提高其经济效益，导致经济犯罪。行业的年度发展预算不切实际，要么夸大、要么缩小。导致企业的年度预算虚假水分过大，严重影响企业经济发展预算。

市场展望能力不足。时代在不断向前进步，现阶段不少企业在发展的道路上市场展望能力却不足，大多数在发展中顾此失彼，多专注于眼前发展层面，不注重企业长期发展局面。这样必然导致企业发展空间在激烈的市场竞争中逐步缩小，发展的路径也逐步变为狭小，企业展现出愈来愈能力不足的发展状态。

三、加强企业经营管理的有效策略

树立健康企业文化与经营理念。树立健康的企业文化是企业发展的核心条件，也是成功企业必须所追求标志。企业文化决定了核心价值观，树立了企业思维方式行为动机，赋予企业管理者和员工丰富的企业管理理念和管理风格的内涵。现代企业竞争客观上要求企业文化建设是优秀、创新、高效的核心。良好的文化使企业充满活力，在竞争中占据主动，然而，忽视企业文化建设的企业往往会迷失方向，缺乏适当的战斗和集体力量，长此以往寸步难行。

加强教育培训，提高员工素质。教育和培训是提高员工素质，企业能力，发掘潜力员工的重要途径，加强对企业员工的培训，积极培养后备人才，是企业竞争的重要保障库。随着信息时代、高科技知识尖端人才的到来，企业间的竞争是人才的竞争。因此，员工必须及时进行充电和学习，不断提高自己，否则就会被社会淘汰。十年种树、百年育人，人才的培养是循序渐进的过程，是一个不断更新和完善的过程。对于现有的人力资源，我们只能依靠系统的、长期的、有针对性的培训和学习来实现渐进优化，提高整体素质。

加强企业管理制度建设。管理就是把复杂的问题简单化，混乱的事情规范化。杰克·韦尔奇管理博士说过，一个好的企业经营管理需要严格的管理规划，也需要相应的制度。企业管理制度的建立，是具有督促性与强制性。主要是管理人才影响企业经济及管理要素。制定管理制度时候，需要严格具有公平、连续、针对性、可行性与稳定性等。建立的制度不落实好，则只是空文，不仅达不到管理的效果，还会带坏团队风气，增加管理的难度与矛盾。管理则是先"管"再抓"理"。除了建立相应的制度，领导管理中还需要充分把控管控尺度，运用好激励机制，激发员工积极性、挖掘潜能、凝聚团队的战斗力，为企业持续发展出谋划策。

完善市场调研和未来风险预测机制。企业应注重市场调研，通过销售业绩和生产数据统计分析，了解消费者喜爱的东西。让生产销售制定相关战略，通过市场细分，合理的规划和完善的产品，可用不同的宣传渠道和分销渠道来销售产品。同时，每个企业都应该完善未来的风险预测机制，不断借鉴其他国内外的先进管理机制办法，从而促进企业自身不断创新和完善。当然，企业不能只看短期利润，应有长远的战略眼光，充分分析可能存在潜在风险，进行风险防范，以确保企业有良好的发展环境。保障所有者权益，给予足够管理自主权，充分调动生产者的积极性，满足现代企业制度"产权清晰、权责明确、政企分开、管理科学"的基本要求。

企业管理者需要长远的意识、良好的规划目光，相应的全局把控，管理层思能预测到企业相应的发展变化，给出相应建议。领导心中应时刻了解全局的影响，以整体的利益为重。应以企业集体利益为前提下，协调把控好市场与内外的联系。在规划和实施中，以现实为主，根据实际情况实际分析，充分发挥员工积极性、创新性，灵活多变的处理问题。如此这样，才能在激烈的市场竞争中长久发展运营下去，才能以满足消费者需求为核心理念，从而建立好企业自身品牌。

第三节　现代企业经营管理工作

经营管理工作是现代企业日常管理工作的重心，积极加强企业的经营管理工作不仅能够有序地保障企业经营发展的良性秩序，更能够为企业的生存和发展创造良好的环境，是企业生存和发展的基础。本节围绕现代企业经营管理工作展开探讨，对新时代环境下，企业经营管理工作的重要性，如何加快企业经营管理工作开展的力度展开论述，对于我们更好地推动企业的经营管理工作，发挥出企业经营管理工作的力度，服务企业健康科学发展具有一定的实践指导意义和价值。

在市场经济环境下，企业经营管理工作的重要性不言而喻，积极加强企业的经营管理工作才能够更好地推动企业的科学健康发展。当前，我国社会进入到了发展的新时代，历史的机遇和挑战并存，对于企业而言，企业经营管理工作的重要性更加凸显。

一、新时代企业经营管理工作的意义

新时代，企业经营管理工作具有十分重要的意义和价值，主要体现为以下几个方面。

一是加强企业经营管理工作是现代企业应对新时代发展的要求。新时代，新气象，在社会发展的新时代环境下，企业的经营管理工作对于现代企业的重要性十分重要，积极加强企业的经营管理工作能够帮助现代更好的准确把握时代发展的脉搏，能够让现代企业更好地适应时代发展的需求。因此，积极加强新时代企业经营管理工作是现代企业生存和发展的基础。

二是加强企业经营管理工作是现代企业自身发展的必然要求。在社会发展的新时代环境下，现代企业必须要注重自身的经营管理工作，只有注重自身的经营管理工作，才能够让企业的发展更加科学规范、更加健康，因此，在社会发展的新环境下，注重和加强企业的经营管理工作是现代企业发展的必然要求。

二、新时代企业经营管理工作存在的问题

当前，随着社会的快速发展，现代企业越来越注重企业的经营管理工作，企业经营管理的重要性，也被越来越多的企业所重视。但是在现实环境下，新时代企业经营管理工作存在着诸多问题，具体表现为以下几个方面。

企业经营管理工作存在着极端化的现象。在现实环境之下，很多企业在企业经营管理工作的过程中存在着极端化的现象，一方面，一些企业对于企业的经营管理工作过于教条化，形式化，缺少活力；另一方面，一些企业的经营管理工作过于随意化，经营管理的过程存在着不规范等现象，这些严重地影响到了企业经营管理的质量。

企业经营管理工作人才素质有待于提高。近年来，现代企业积极加强了企业经营管理工作的力度，在企业经营管理人才培养等方面取得了一定的成绩，但与新时代企业经营管理人才素质和标准的需求，尚且存在着一定的距离，表现为企业经营管理人才的素质参差不齐，与现代企业经营管理的要求尚且存在着很大的差距。

企业经营管理工作与新时代的发展尚存距离。作为现代企业要积极加快企业经营管理工作的力度，不断提升企业经营管理工作的质量和水平，就必须要加快企业对于新时代新气象的把握力度，要能够正确地分析好当前的宏观和微观市场，要紧盯市场，立足市场，才能更好地适应新时代发展的要求。但是在现实环境之下，很多企业的经营管理工作与新时代发展的要求尚且存在着一定的距离，对于国内宏观经济环境和新时代的市场特征把握还不够到位，在一定程度上影响了企业的经营管理工作。

企业经营管理工作的系统性和标准化不强。当前，很多企业在经营管理的过程中存在着缺少系统性的普遍问题，企业经营管理工作没有主线条，经营管理工作的标准化也不强，如：企业的生产工艺流程不标准，科学化管理不规范等，这些都是现代企业经营管理过程中存在的突出性问题。

三、关于现代企业经营管理工作的几点建议

在社会发展的新时代环境下，现代企业的经营管理工作越来越显得重要，针对当前企业经营管理工作中存在的问题，具体可以从以下几个方面入手。

思想重视，切实提升经营管理的力度。在现实环境下，作为现代企业要高度重视企业的经营管理力度，从思想深处充分认识到企业经营工作的重要性和紧迫性，提升对企业经营管理工作的思想认识，牢固树立正确的企业经营管理意识，只有这样才能更好地推动企业的经营管理工作。在实践过程中，现代企业要坚决杜绝两个极端化现象的发生，例如：企业的经营管理工作过于教条化、形式化，企业的经营管理工作过于随意化，经营管理的过程存在着不规范的现象。只有正确认识到企业的经营管理工作，避免极端，才能更好地

推动企业经营管理的正确性和科学性。

注重人才，积极加强人才队伍的培养。在市场经济环境下，企业的人才队伍是现代企业的核心力量，也是现代企业生产力发展的重要源泉，只有培育出高素质，符合企业发展实际需求的经营管理人才，才能够更好地服务企业的经营管理工作。针对当前很多企业经营管理人才队伍薄弱的现象，作为现代企业要多措并举，积极采取有效的举措，一方面加强对现有企业人才的培养力度。例如：开展培训工作等，通过培训切实提升现有人才队伍的整体素质；另一方面，要建立完善的人才激励机制。建立符合企业实际，服务人才队伍实际的人才激励机制，通过各种制度和激励，切实提升人才队伍的整体素质，提高企业经营管理人员工作的积极性和主动性，让企业经营管理人员能够更好地全身心地投入到工作中。

注重理论，加强企业经营管理的综合能力。随着社会的快速发展，在新时代环境下，市场对于企业经营管理工作提出了更多更高的要求和标准。作为现代企业必须要不断提升自我的综合能力，只有不断提升自我经营管理的综合能力，才能更好地适应时代发展的要求，适应时代发展的节奏，让企业能够更好地适应社会发展的需要，适应时代发展的新需求，不断获得生机和发展，实现企业的科学健康发展。

增强企业经营管理的系统性和标准性。在现实环境下，现代企业的经营管理工作是一项系统性的工程，它需要多方面的共同努力和协调。因此，只有加强企业内部各个部门彼此之间的沟通和联系，建立完善的协助和互助机制，才能更好地推动企业经营管理工作的开展。与此同时，在现实环境下，现代企业的标准化建设也是现代企业未来发展的主要趋势，作为企业必须要积极加强自身的标准化建设工作，注重生产工艺的标准化，注重管理的标准化。只有标准化，才能让企业的市场竞争力不断提升，才能更好地推动企业在市场的残酷激烈竞争中立于不败之地，让企业能够更好更快地提升自己的市场竞争力。

在社会发展的新时代环境下，作为现代企业必须要注重企业的经营管理力度，只有不断地加强企业的经营管理力度，才能更好地促进企业的健康科学发展。本节围绕着现代企业经营管理工作展开探讨，对当前企业经营管理工作开展的意义和价值进行了简要的分析，从实践出发，对当前企业经营管理过程中存在的普遍性问题进行了归纳，如：企业经营管理工作存在着极端化的现象、企业经营管理工作人才素质有待于提高、企业经营管理工作与新时代的发展尚存距离、企业经营管理工作的系统性和标准化不强等问题，同时对当前企业经营管理工作的开展，提出了思想重视，切实提升经营管理的力度、注重人才，积极加强人才队伍的培养、注重理论，加强企业经营管理的综合能力增强企业经营管理的系统性和标准性等具体建议，对于我们更加科学地认识到企业的经营管理工作，推动企业经营管理工作的质量和水平，科学服务企业的健康稳定发展等都具有一定的实践意义和价值。

第四节　企业经营管理能力

目前我国经济发展相对较快，各行各业都在激烈的竞争中发展，企业核心竞争力是促使企业长期稳定发展的关键动力和重要保障，而要想使企业的竞争力有所加强，就必须要注重增强企业自身的经营管理能力，其主要的目的就是促使企业核心竞争力的提升。作者结合自身多年的企业经营管理经验，综合分析了企业经营管理能力和企业核心竞争力相关内容，希望为后续研究此类问题的工作人员提供一些借鉴。

现阶段我国工程机械制造企业面临着更加剧烈的供需矛盾，要想促进企业的发展建设就必须要不断提高企业的经营管理能力，进而增强企业的核心竞争力。一般情况下，企业竞争力的提升受到多方面因素的影响，例如企业管理水平，资源状况、管理理念、人才建设等等，其中最关键的就是企业管理经营者的能力和水平，这是增强企业核心竞争力中非常关键的因素。因此，现阶段企业非常重视提升管理经营能力，促进工程机械制造企业的发展建设。

一、加强企业的经营管理，提高企业内涵，促进企业可持续发展

对于企业的经营管理来说，其最重要的任务就是要实现在质量、效率、成本以及资源和人力管理方面实现最大的经济效益。现阶段，经济全球化的趋势席卷全球，企业的规模逐渐扩张、涉及的领域也逐渐增多、企业自身的技术水平以及人才储备方面也是越来越强，除此之外，各企业之间的竞争也在逐渐加剧，正向着多元化和复杂化的方向发展。因此企业应该重视经营管理能力的提高，合理发展企业的内涵，保证企业在这个多元化竞争的环境中得以生存，有增强企业的企业核心竞争力，促进企业可持续发展。

加强企业经营管理，全面落实管理制度。对于企业的经营管理来说，这是企业可持续发展的重要因素，科学合理的管理制度可以有效地提高企业管理效率，进而在一定程度上提高企业的核心竞争力，同时还可以促进企业的良性循环，保障企业更快更好地发展。如果企业内部没有科学合理的管理制度，那么企业就无法在这个竞争如此激烈的环境下生存，同时对于管理制度来说，企业必须要做好监督工作保证其严格落实相关规则和标准，实现对企业的有序管理。在这个竞争如此激烈的环境下，如果企业不能建立相对比较完善的管理体系，那么企业必然会在大潮流下被淘汰，因此企业必须要加强管理，制定更加完善的管理制度，这样才能有效增强企业的竞争力，保障企业的竞争的浪潮中稳固发展。

企业要重视团队凝聚力。企业作为一个团队存在，如果没有团队精神，没有凝聚力，那么整个企业就像一盘散沙，不能发挥企业的最大实力，也无法实现企业的目标，非常不

利于企业的发展。因此企业要定期对全体员工开展思想教育培训工作，鼓励员工团结一致，同时还可以建立激励体系，将员工的绩效考核情况与其年终奖励相互联系，从而有效地激发全体员工的积极性，有效地提高企业的凝聚力。同时，对于企业的发展来说，与全体成员有着密不可分的联系，只有将全体工作人员团结在一起，才能更好地促进企业的发展壮大。因此企业要在提高经济效益的同时，重视员工的培养工作，通过激励员工来实现企业的发展壮大。

完善的经营管理制度。建立健全完善的企业经营管理制度是企业可持续发展中非常关键的一环。现阶段随着竞争环境的复杂变化以及企业生存压力的影响，为了促进企业更快更好的发展和壮大，必须要建立健全企业的经营管理制度，这不仅可以有效地保障企业中管理工作的有效开展，同时对于企业管理水平的提升有很大帮助，而且极大地促进了企业的发展建设，提高了企业的市场竞争力。除此之外，完善的企业经营管理制度还可以指导企业的经营发展方向，从而相关管理人员可以根据企业发展的实际情况选择最佳的方式和措施实现企业的发展目标，例如合理优化企业组织结构，科学分配资源，最大限度利用资源优势等。

二、增强企业核心竞争力

在工程机械制造企业中，核心竞争力包括多方面的指标和因素。例如企业管理方面、战略方面、技术水平、人才管理等，这些因素之间具有相互的影响和作用，一同影响着工程机械企业的竞争情况和结构，从而保持具有层次感和动态性的竞争力，这是企业发展和壮大的关键因素。在工程机械企业发展过程中，要充分注重内部要素的发展，从而在根本上提高企业运营能力，逐渐积累更多资源、技术以及专业知识，从而为企业核心竞争力的提升奠定良好基础。企业价值的体现就在于核心竞争力，同时这也是企业运行中各种因素积累的作用和结果，并且竞争力的价值体现在企业运行各个方面，是企业长期稳定发展的强大动力。总体来说，企业核心竞争力具有时间性、独特性、防守性、延展性以及超长性等特点。

企业核心竞争力的内涵。对于企业发展来说，如果想要立足于现阶段竞争如此激烈的市场中，那么企业管理人员就必须要制定全局性和长远性的战略目标，同时还要根据企业的发展现状制定最佳的发展经营理念、管理体系以及企业文化等等，最好还要建立相对完善的运营体系，包括合理的组织构架、工作流程的制定以及企业部门之间的相互协调等工作。对于企业的经营管理人员来说，必须要挖掘企业核心竞争力的内涵，并采取针对性措施提高企业的核心竞争力，制定企业的发展战略，同时还要有效地结合各种先进的信息计算机技术，包括计算机技术、电子资源管理以及电子档案等等，合理地将信息化技术融入企业的发展建设中来，最大限度地提高企业的核心竞争力。通过制定合理的企业发展战略、企业内部管理制度和企业文化，从而有效地提高企业的竞争力。除此之外，企业还要不断地吸收和借鉴国内外成功企业的经验教训，这样更有利于企业找准自己的目标和方向，提高企业核心竞争力，保障企业可持续发展。

提高企业核心竞争力的关键。对于企业提高核心竞争力来说，就是要在如此激烈的竞争环境中争取最大的竞争优势。但是在如何提高企业核心竞争力的方面，各个企业都有自己的看法和见解，例如现阶段的一些思想有"加强企业经营管理来提高核心竞争力的提升""加强人力资源管理提高核心竞争力""加强创新来提高核心竞争力"等等。由此可见企业核心竞争力的影响因素是非常多的，但是最为重要的就是企业经营管理。这是因为企业是以盈利为目的而开展的生产经营工作，企业经营管理水平是直接影响企业利润的最关键的因素。因此这也是直接影响企业核心竞争力的关键因素，企业的发展必须要依靠经营管理者强大的管理能力，创新思维等等，这使得企业在一些重大决策以及管理工作方面有非常优异的成绩，有效提高企业核心竞争力，促进企业发展和壮大。

加强预算的精细化管理。一般来说，由于制造企业涉及规模较大，可能会涉及大量的资金流动。因此，制造企业制定了正确的项目预算财务计划和各项财务计划，估算成本，使企业有足够的资金满足施工期的生产制造需求。生产预算管理是管理工作的核心环节，在制造环节，必须保障所有的设备制造都是按预先确定的资金预算编制的，资金的使用必须严格按生产预算执行，对资金进行科学合理的安排管理是非常重要的，需要根据实际情况进行合理的安排和控制。对经济管理的各个阶段进行严格的监管，严厉打击造假行为，改善监管秩序，改善监管环境，最大限度地降低风险，确保预算工作的公开透明，经常对财务工作进行检查，发现问题，立刻落实到责任人。这样才能减少不必要的开支，避免出现资金流向不明的问题，合理监督预算资金的使用。

加强精细化管理，要注意安全事故的减少。在制造企业精细化管理过程中，减少安全事故的发生，落实人本管理理念是精细化管理的重要内容之一，生产制造期间，在强调现场安全问题的同时，经常对检查现场进行检查，发现安全问题和隐患，立即进行整改。要严格按照安全设计的既定执行的批准进行生产，并且每天都要进行安全检查报告。建立完整的安全管理规则体系，就可以顺利地进行精细化管理。在生产过程中，实现精细化的管理模式，能够提高生产工作效率，使整个生产现场更加有序，确保安全，消除潜在的危险因素。企业有必要根据自身当前实际情况，建立合适的安全管理体系，并逐一实施：①生产安全管理人员必须到位，分配安全管理工作到个人，并提供机械设备和材料。设备的类型、标准、性能由专人检测。②施工按照国家标准和规范进行，现场通风和夜间照明设施符合施工需要，减少生产中发生的安全事故的发生。

综上所述，随着社会经济发展，市场竞争也逐渐激烈，对于企业而言，如果想要在竞争如此激烈的市场中保持更快更好地发展，就必须要重视企业内部的经营管理水平的提升，这对于提高企业核心竞争力有直接关系。对于企业的核心竞争力来说，就是要求企业的发展要符合市场变化以及经济发展趋势，企业的管理经营者也要不断地改革创新管理思想，建立更加完善的经营管理理念。现阶段，对于企业经营管理者来说，要意识到企业核心竞争力的重要性，不断地提高企业经营管理能力，保障企业在竞争如此激烈的环境中稳步发展。

第五节　经济新常态下企业经营管理

在经济新常态下，我国的市场经济发展也有了变化，发展也越来越快，我们国家在经济方面也进入了新常态。现在不管在什么领域，管理方面都存在着一些问题，特别是企业经营管理，如果想要更好地发展，就要进行创新与改革，找到更加科学完善的经营管理方案，通过自身的管理和创新，让企业更好地发展。

中国经济越来越快地发展，已经进入了经济新常态这个新的发展时期，经济是企业非常重要的部分，因此要通过自己的不断调整和创新，适应新常态下的市场经济与市场格局。企业如果不及时地创新和完善，就会被社会所淘汰，要不断地创新和完善自己的经营管理策略，从而更好地发展。

一、经济新常态下企业管理创新的重要性

企业想要在市场中得到生存与发展，不能仅仅看外界的压力，因为不只是市场竞争的压力，还有一种压力是来自企业内部管理的压力。对于企业内部的管理一定要进行创新，因为只有内部变得十分的好，才能更好地迎接外部的挑战，增强企业的凝聚力和战斗力，现在经济下行压力比较大，越是在这种时期，越应该加强对于企业管理的重视度，创新企业管理，增加自己的战斗力。现在虽然已经有很多的企业制定了完善的企业管理制度，但是发展阶段不同了，市场环境也不同了，面对着不同的市场环境，企业管理制度也应该有所改善，要适应企业的发展，现在是经济新常态，在这种新常态下也要进行策略性的调整，在管理理念、经营策略等方面都要进行创新，从而得到更好的长期的发展能力。

二、经济新常态下企业面临的经营管理问题

企业的经营管理理念比较落后。因为时代的快速发展，现在很多企业的经营管理水平已经越来越跟不上时代的潮流了，因为传统的经营管理理念已经不能够满足现在经济发展的需要，对于企业的发展也有了阻碍作用，管理理念的落后，对于企业发展策略的制定，也有一定的影响，但是很多企业还是想要得到更多的经济效益，他们使用扩大投资的方式来实现这个目标，这种经营发展模式会让很多的资源被浪费掉，如果不及时地调整，就会面临被淘汰的危险。

企业的经营管理制度还不够完善。虽然现在很多企业也建立了经营管理制度，但是还

不是特别的完善，企业经营管理制度对一个企业来说是非常重要的，有一些企业制定的经营管理制度不能够顺应时代的发展，在实施的过程中与实际不相符的现象也是常有发生。现在新经济发展得越来越快，制度的更新跟不上形式的变化，所以企业在制定经营管理制度时，一定要根据现在经济发展的水平，顺应实际情况。

企业的组织结构比较松散。现在的新形势下的企业经营管理组织结构是非常严谨的，只有严谨了，才能让企业更好地进行管理。但是也有很多的企业组织结构比较分散，这就造成了企业中管理人员的权利和责任都分不清，分工也不够明确，如果出现问题，就会相互推脱责任，这样也不能很好地发挥企业经营管理的职能，对于企业正常的生产管理，也造成了很大的影响，这是企业经营管理中一个非常重要的问题。企业组织结构停留在传统企业的管理模式上，结构是比较复杂的，管理层的很多政策不能够落实，也不能执行管理手段，比较落后，效率也低下，参与市场竞争力不够高，如果不及时地解决这些问题会影响企业的发展，也会对企业的经济效益带来严重影响。

企业的管理模式比较保守。从现在的中国企业管理状况来看，一些企业不太重视企业经营管理，对于创新管理来说，有一些企业不适应，他们善于利用保守的方式来进行管理，还是停留在传统的管理模式中，并没有趋向现代的管理模式，所以企业在探索时就会有一些阻碍，在进行创新管理时，也会有一些阻碍，因为很多高层企业管理层的人员摆脱不了旧的思维，对于这些旧思维管理模式，已经不能够满足现在的市场要求了，而且有很多企业都是认为过去积累的管理经验是非常重要的，所以在管理时还是依赖于过去的管理模式，对于员工的实际需求不闻不问，员工也就失去了工作的积极性。环境在不断地改变，传统的管理模式对于新时期的管理来说已经不适合了，要调节管理模式，与现代的需求结合起来，这也是一个非常重要的事情，现在经济新常态不断地发展，企业如果还不对自己的管理模式进行调整，不积极地了解经济新常态的发展，那么就会被社会所淘汰，企业要不断地反思，在这个过程中才能有更大的发展空间，积极地学习好的管理理念，从根本上来改变，根据实际情况来进行发展和创新。

三、经济新常态下企业经营管理的创新与策略

理念要进行创新。在一个企业里面，理念和思想是具有重要作用的，现在企业管理不够完善，这也是比较重要的原因，理念一定要进行创新，根据现在的形式和所要完成的任务进行创新，在创新精神和竞争意识方面要对先进管理理念进行学习，并且要科学地选择一些观念，现在企业在经济新常态下正在面临改革，所以他们承受的经济下行压力也非常大，在管理方面一定要进行创新，摒弃一些无法适应的理念，用全新的思维模式来进行企业管理。先进的一些经营管理理念，可以让企业的内部有一种积极的氛围，能与时俱进，避免因为内部管理不好，带来一些问题，管理者要积极地进行学习，了解经济新常态下发展的趋势，对企业的实际情况做充分的了解，管理者要用最先进的管理理念组织和安排企

业的运转，让企业的发展越来越好。

战略目标要进行创新。新常态和以前的经济模式已经完全不同，所以企业的战略目标也要进行创新，要结合这种新的变化，对于企业面临的市场竞争都要考虑到，并且要及时地调整和完善，企业一定要适应现在的经济新常态，对于未来所面临的形式要准确地判断，完善经营管理制度流程。企业的战略就是企业为了能够长远的发展制定的目标和规划，一定要具有整体性、规划性和长期性，并且战略目标的设计还要结合现在经济新常态的发展，要想科学合理地设计发展战略目标，就要有先进的经营管理理念，通过战略的创新，企业经营管理规划就会实现全局性和创新，找到企业能够进行管理转变的切入点，慢慢地进行转型，转变管理理念，结合自身的状况和需求来制定能够长远发展的经营管理战略，慢慢地规范企业经营管理目标。

组织的创新和制度的创新。我国的企业在组织架构上还比较落后，中小型企业或者是一些家族企业，组织架构还不够完善，不能够承受在经济新常态下的竞争压力。所以组织也一定要进行创新，对原来的组织架构进行处理，减少管理的层次，根据外面竞争形势的情况，企业要进行迅速的反应和灵活的应对，构建组织架构适应新常态发展趋势，并且在多媒体互联网时代，通过创新应用网络技术完善企业的组织架构，实现管理的创新，让企业的效率变得越来越高。企业在管理时，一定要有企业的制度，这是非常重要的因素。企业管理创新要重视制度方面的创新，通过一些约束的机制，对企业的内部进行这些必要的约束，这样才能形成一个团结的集体，让企业能够更高效地运转，具有活力，在建立机制时，要重视激励机制的创新，因为这样企业才能更加有创造力，还要加强人力资源管理方面的创新，要对员工多加关心，营造一种企业文化的氛围，加强人文的关怀，增强员工的归属感。

在经济新常态下，企业有压力但是也有机遇，正所谓有压力才有动力，有了压力企业才能更好地发展，不断地创新自己改变自己，对于内部的管理也会越来越好，通过管理理念的创新、战略的创新、组织的创新和制度的创新，能够很好地提高企业经济管理的水平，在经济新常态下发展也不会被淘汰。企业要从自身的实际情况出发，让企业发展得又好又快，提高企业的经营管理效益。

第六节　大数据背景下企业经营管理

改革开放极大促进了我国经济和社会的发展，经过这么多年努力，我国在各领域都取得了较大成绩，人们生活水平得到很大提高，这当中，企业的发展起到了关键作用。而企业经营管理需要分析和处理数据，尤其是当前大数据背景下，企业更需要跟上时代发展步伐，改变以往传统观念，在这个机遇和挑战并存的时期，要充分利用好大数据潜在的价值，以此获得长足发展。主要分析大数据背景下企业经营管理遇到的问题，然后提出解决途径。

科技的发展推动了很多新事物的出现，尤其当前，信息技术在各领域都普遍应用，而且极大促进了企业的进步，在这样的背景下，大数据应时而生，已经成为企业增强竞争力的必需因素。现代化企业，技术改革是一方面，同时先进的经营理念也必不可少，企业的发展也加快了大数据的形成和应用，这两者是相辅相成的关系。随着信息化程度的持续加深，成倍增加的大数据成为企业重要的经营资源，需要指出的是，大数据资源并非就是掌握数据即可，而是要对其进行合理应用，然后为企业决策提供依据，确保企业提高效益。

一、大数据概述

所谓大数据就是通过搜集各种信息而得到多元化的数据库，站在现在角度分析，大数据集合了 IT 技术和数据库软件不能处理的海量数据，最大特点就是实时更新、数量极大。大数据的应用为我国社会和经济做出了重要贡献，很多企业通过分析大数据实现了盈利的翻番。因此，企业也好，社会也好，都要充分了解大数据的特点，使其发挥应有作用，帮助社会和企业向前迈进。大数据背景下企业经营管理面临很大机遇和挑战，很有必要对此进行深入研究，这在今后将是发展趋势。

二、当前大数据背景下企业经营管理遇到的问题

安全问题。维护数据安全是当前企业急需解决的问题，企业在发展过程中产生的数据都需要进行科学整理、分析、应用，即企业的内部数据和客户数据都会通过网络来进行传播和应用，而网络环境又比较复杂，对企业和个人来说都会有泄漏信息的危险。对于任何一个盈利的企业来说，都会有自己的固定客户群体，这些客户和企业之间的联系很多都属于企业机密，如果这些数据遭到窃取，就会致使企业失去原来的客户，或者和客户之间产生矛盾，进而造成利益上的损失，对企业发展形成阻碍。不可否认的是，在当前大数据背景下，就有这样的违纪分子通过网络技术来盗取数据信息，进而对群众和企业进行损害，最常见的就是诈骗。因此，维护数据信息安全是当前企业管理必须要面对和解决的。

分析和处理问题。企业收集、整理、分析数据的能力和企业的经营管理密不可分，很大程度上也影响了企业创造多少价值。众所周知，现在网络技术的发展一日千里，原来很多不敢想象的事情变成了现实。智能手机、互联网、计算机的应用都会产生数以千万计的数据，这些数据有些有用，有些没用，企业在分析和处理数据方面要独具慧眼，如果技术跟不上，就不会挖掘出当中的商业价值。另外，企业面对的大数据来源比较广，种类也比较繁多，对这些数据进行管理也存在很大困难。通常来讲，不论什么样的数据都会有其潜在的价值，但往往因为人才、技术、设备等客观方面的因素而导致损失了这些数据信息的商业价值，问题在于企业对这些零碎的数据不能有效汇总、整合、分析，所以，企业要加大对大数据挖掘的力度，培养这方面的人才，切实把数据转化为经济效益。

容量问题。以往企业在经营管理方面仍旧遵循传统管理模式，但在这样的条件下，企业的数据储备、分析、整理占企业管理比重很小，即使不通过电脑和网络，也能手工完成。可是随着科技的进一步发展，企业产生的数据成爆发式增长，之前的计算机已经满足不了储存大容量数据的要求，因为其后台、终端处理技术比较落后。不仅如此，企业对数据的应用越来越广，处理和计算愈发复杂，只有转变经营管理模式才能与时俱进，所以，此时当务之急就是对企业数据容量进行扩充。

三、大数据背景下企业经营管理途径

建立专业的人才队伍。当前企业之间的竞争就是人才的竞争，而人才决定了技术的上限，决定了企业对数据的挖掘、利用、处理、分析程度。传统人力资源结构肯定不符合分析和应用大数据的要求，鉴于此，企业要完善人力资源，建立专业的大数据人才队伍，使他们能够跟上时代发展步伐，能够嗅到其中的商业气息。现在各行业都急需高素质的专业人才，而他们具备大数据风险控制能力、技术创新开发能力、数据应用能力、管理能力、分析能力，这不仅是充分挖掘数据信息的基础，更是企业今后发展的必然趋势。

（一）提高战略能力

提高数据分析能力。现在很多工作都和计算机产生联系，需要处理的数据信息也越来越多，在大数据背景下，对数据的质量和数量都要提高，然后做出科学分析，帮助企业完善经营管理模式。企业分析数据的能力决定了其竞争力，尤其是在当前大数据时代，很多企业都是此起彼伏，如果不保持创新，很有可能随时被社会淘汰。企业要想实现健康持续发展，对数据信息的提取和处理就必须准确，精准掌握客户需求，然后制定具有针对性的解决方案，通过新的网络平台做到精准营销，摆脱传统模式的桎梏，切实做到按需生产。

强化基础设施建设。企业经营管理一定要讲究效率，以往的经营管理模式已经落伍，数据质量和数量在管理中的占比都不是很大，在数据处理和分析方面也比较简单，不用担心数据存储容量问题。但是现在不行，企业经营管理中存在大量的数据，仅仅存储就是问题。因此，对企业的基础设施要加强建设，满足基本的数据管理要求，比如使用正版软件，运用先进技术分析、管理、加密、备份、恢复数据信息。

加强领导决策能力。火车跑得快，全凭车头带，企业经营需要优秀的领导来管理，要能够抓住数据分析的优势，然后科学决策。很多企业领导在这方面的能力比较缺乏，仅通过经验和以往学识来决策远远不够，只会加大企业管理风险，因此，其要加强自身学习能力，提高对大数据的应用能力，确保做出的决策科学合理。

（二）提高安全管理

企业数据管理。首先，建立相关数据管理制度，不论领导还是普通员工，都要明确权限和责任，确保信息准确无误，要自觉遵守规章制度。其次，提高组织培训。企业要定期为员工组织培训，提高他们的知识技术水平，更新他们的知识库，让他们能够时刻谨记安全使用大数据的重要性，同时激发他们的工作积极性，改善他们的工作态度，以便能够恪尽职守，切实为企业发展提供帮助。

个人数据管理。我国公民的个人隐私是受国家法律保护的，但是因为种种因素，个人信息会被泄露，很多不法分子就趁机实施诈骗，这就为构建和谐社会埋下安全隐患。企业要控制收集消费者信息泄露的风险，明确哪些信息能采集，哪些信息不能采集，在征集个人信息时要做到提前告知，为客户隐私保密。如果有必要，可以通过法律顾问来提供帮助，对客户的个人信息要合理合法的采集和使用，同时在使用时要匿名化处理，保障客户信息安全。

科技的发展会促进大数据的产生，这对企业经营管理提供了契机，同时也增加了困难。在大数据背景下，企业之间的竞争转化为分析处理数据能力的竞争，面对千变万化的市场竞争环境，企业要更新管理理念，创新管理方式，有效利用大数据信息，对企业结构进一步优化，寻求大数据处理和企业盈利的平衡点。

第七节　企业经营管理中激励决策

随着社会经济市场结构的不断调整，我国各个企业之间的竞争日渐激烈，而要想在这一市场中站稳脚跟，就必须要从多个角度出发制订战略发展目标，充分认识到组建高素养专业人才队伍的重要性，不断提升企业的经济实力。本节分析了企业经营管理中激励决策存在的问题，探究了影响企业经营管理中激励决策的主要因素，并从四个方面讨论了新形势下优化企业经营管理中激励决策的有效途径。

激励决策是现代企业经营管理过程中调动员工积极性的主要方法，其不仅可促进企业内部各项工作职能的转变，还可为企业创新发展提供更多的路径。新时代背景下，高素质人才已然成为推动企业长远发展的核心力量，因此企业必须要认识到优化激励决策的重要性以及必要性。做到立足于企业战略发展，全面考虑到每一位员工的个性需求，激发员工的工作积极性，使激励决策能最大程度发挥效能，进而有效提高企业的经济效益。

一、企业经营管理中激励决策存在的问题

（一）未能全面分析员工差异性

每个人的性格必然存在着一定差异，企业中所有员工的个性不可能是完全一样的，若是企业以单一的激励决策为主，未能全面分析员工的差异性，则必然会出现相应激励制度

难充分调动员工积极性的问题，部分员工甚至会产生厌烦等负面兴趣。这种情况下，企业激励机制则难以切实发挥效用。因此，现阶段企业应当尊重个性差异，立足于员工实际优化相应制度，从根本上提升积极决策的实际应用性。

（二）未能制定科学的激励机制

通过调查，笔者发现现阶段绝大部分现代企业经营管理过程中都存在激励机制，这些激励机制是企业人力资源管理的主要标志，与提升企业经济实力有着直接关联。但经分析，可以看出其中多数激励机制"流于形式"，未能与企业经营现状与战略发展方向有机整合，限制了员工的思维发散，随着企业经营规模的不断扩大，也不利于企业的长远发展。因此，企业必须立足于自身发展，设立更为适宜且完善的激励机制，将该机制落到实处，有效提升企业的市场竞争实力，进而推动企业可持续发展。

（三）未能体现出激励的长远性

在企业经营活动中，激励的主要作用为增强每一员工的积极性与荣辱感，使员工可将个人发展与企业长远发展有机整合，进而实现共同发展。最为常见的激励为实物奖励，即若是员工在工作中表现良好或者为企业做出相应贡献，则给予礼品、金钱等实质性的奖励，使员工可充分体会到成功的喜悦。但相对来说，这种物质激励缺乏长远性，仅呈现出即时性、短暂性的特点，未能全面体现出员工的个人价值，长此以往甚至会抑制员工的积极性。除此以外，不合理的物质激励亦会对企业造成一定的经济压力，从而阻碍企业经济实力的提升。

（四）未能给予员工一定安全感

安全感是新时期留住优秀人才的必要前提，只有给予员工一定的安全感，才能使他们全身心投入到工作岗位中，积极主动地贡献个人力量。安全感来源于不同类型的认可与赞扬，亦与企业做出的可靠保障有着直接关联。现阶段，部分企业未能认识到提升员工安全感的重要性，将企业战略发展方向与市场地位隐瞒不公开，致使员工无法真正了解企业的经营现状，长此以往必然会产生危机感，并打击员工对企业的信任感以及依赖感。这种情况下，企业经营过程中则会出现人员流动性较大的严重问题，若是不能有效解决，则必然会影响企业的稳定经营。

二、影响企业经营管理中激励决策的主要因素

（一）人为因素

人为因素主要是指企业内部管理者对激励决策的重视程度、企业员工的工作态度以及他们的个人职业追求。尽管新形势下绝大多数企业已经认识到优化激励决策的重要性，但

仍旧存在部分管理者只看重员工的工作能力，且只对工作失误的员工进行严惩，缺乏一定的物质激励。企业内部有的员工对待本职工作不热情，若是遇到困难则未能及时请求他人帮助，以敷衍的态度达到基本目标，致使工作质量与效率难以提升。除此以外，因个性存在一定差异，企业内部员工的职业追求各不相同。有的员工追求稳定，安于现状，而有的员工渴望在企业获得深层次的发展机会，通过参加各个项目、各个活动来实现自我价值，并为企业长远发展贡献更多的力量。

（二）客观因素

随着社会经济市场结构的不断调整，我国各个企业内部机构亦发生了一定的变化，而在此过程中激励者与被激励者之间的矛盾逐渐激化，为了平衡两者之间的关系，企业需要从多个角度出发进行全面调整，使其可满足企业战略发展需求以及员工个性发展需求。现阶段，因企业管理制度仍存在较多缺陷，其存在的矛盾问题仍旧难以解决，同时企业内部各部门之间权责不清，存在"真空地带"的现象，致使激励机制难以切实地发挥效用，不利于企业的长远发展。

三、新形势下优化企业经营管理中激励决策的有效途径

（一）加强重视员工的个性差异

现阶段，有的企业在确定激励决策的过程中未能全面考虑员工的差异性，致使此项决策难以切实发挥效用，甚至会起到一定的反向作用。因此，新形势下现代企业应当加强重视员工的个性差异，从这一角度出发提高激励决策的针对性，有效激发每一员工的工作动机。第一，企业可在员工入职之前进行问卷调查工作，充分了解员工的性格、兴趣等，并在此基础上初步建立激励框架。第二，企业可根据员工的个性特点进行分组，制定各种类型的激励决策，确保激励决策的公平性以及实用性，逐渐形成和谐竞争的内部工作环境。第三，企业应处理好工关系，及时解决员工之间的矛盾，避免出现内讧、"穿小鞋"等不良现象，营造更加良好的工作氛围，进而不断提升员工的工作积极性。

（二）强化激励决策的科学性

从本质上来看，新时代背景下各个企业的经营发展遵循着一定规律，这一规律与市场结构变化以及企业经济实力有着直接关联，其具有科学性、秩序性、适宜性的特点。因此，新形势下企业激励决策的制定亦要在规律的作用下准确把控决策的科学性以及切实性。首先，企业应当结合市场变化不断调整激励机制，使其可满足市场要求并与企业战略发展相匹配；其次，企业应从发展的角度认真分析各项问题，并实施"试点"计划，探究此计划的最终效果，基于此逐步优化激励决策。除此以外，企业还应合理借鉴国内外典型实例，例如广东省九江酒厂为了推动企业与员工和谐双赢发展，将绩效与晋升挂钩，定期检测激

励决策的实施效果，了解员工对这一决策的满意程度，并鼓励员工积极发表个人意见，同时强化员工的参与权与监督权，使员工可始终以饱满的热情投入工作，创造个人价值。

（三）建立并完善企业激励机制

建立并完善企业激励机制是优化激励决策的主要途径之一。现阶段，企业应结合实际情况建立相应机制，使内部员工可切实感受到这一机制的直接影响，强化员工的工作意识，同时使他们将个人付出与个人所得有机链接，认识到只有取得工作上的成功，才能实现人生价值。要注意的是，建立激励机制的过程中应当坚持透明、公正的原则，将各环节员工可获得的奖励罗列出来，使员工可明确工作目标，并提高员工对企业的信任感与依赖感。除此以外，企业应重视采纳员工提出的改进意见，借助现代信息技术创建共享平台，使员工可个人意见上传至此平台，整合之后展开全面分析，合理调整现有激励机制，使此项机制可最大限度上满足企业员工的各项需求。

（四）持续完善并优化激励物质

激励物质主要可分为精神以及实物两大类，精神物质激励是指企业可通过颁发荣誉奖章、公开表扬等方式使员工获得被认可的满足感，实物激励是指企业通过发放礼品、资金、给予补助等方式满足员工的个性需求。新形势下，现代企业应当将这两种激励类型融合到一起，根据员工的工作表现、工作能力等展开综合评价，切勿完全依赖金钱，应在实物激励的同时给予精神奖励，使员工可以感受到企业的人性化管理，不断提升员工的荣辱感。如某一上市企业为了回馈员工，充分利用企业场地建设文娱活动中心，丰富员工的业余生活，最大程度上避免出现员工工作态度不端正、消极怠工等问题，从而为企业长远发展提供更多保障。

综上所述，新形势下优化企业激励决策对提升企业经济实力有着极为重要的作用。因此，现阶段企业应充分认识经营管理中激励决策存在的问题，把握其主要的影响因素，从经营管理中激励决策存在的问题加强重视员工的个性差异、强化激励决策的科学性、建立并完善企业激励机制、持续完善并优化激励物质等方面做起，不断探索新型激励途径，有效调动员工的积极性，从而进一步推动企业长远发展。

第二章 企业经营管理模式

第一节 市场经济体制下企业经营管理模式

企业经营管理模式是企业经过长时间的发展形成的一系列的管理制度、规章程序等。本次对企业经营管理模式的发展历程和创新重要性进行分析，提出其存在的问题，最后分析如何进行完善。

改革开放以来，市场经济的发展趋势逐渐深入，给企业管理带来很大的变化。在逐渐完善的市场经济体制下，企业需要进一步完善经济管理体系，抓住机遇，合理调整结构，整合资源，满足新时期社会发展的市场需求，探究新的经营管理模式，以促进企业的稳定发展。

一、企业经营管理模式概述

企业经营管理模式是企业在较长的发展过程中，经过实践反复逐步形成的一系列管理制度、规章程序、组织结构和运营方法等的管理模式，而且一般会在一定时间内固定下来。但随着时代的发展，一家企业的企业经营管理模式是不断变化的，以适应新时期社会发展的要求。在不同国家、不同企业之间，企业经营管理模式存在很大的差异，这可能是因为社会背景、企业规模、技术构成、产品特点、生产方式、组织结构等存在不同而引起。在市场经济背景下，企业需要结合自身特点，考虑自身的技术性优势，遵循市场经济的发展规律，构建完善的管理体系，从而保证企业在满足市场需求的基础上可以稳定发展。

二、我国企业经营管理模式发展历程

企业经营管理模式一般是通过多样化的管理行为，规划和控制经营活动的开展，实现资源的优化配置，以此提升企业的经济效益，保证企业稳定发展。企业一般是根据自身的经营情况采取的运营理念等，合理选择适合企业发展的模式，并不断地进行完善和科学化管理，确保资源的合理利用，尽量降低成本输出费用。

对我国来说，企业经营管理模式的发展主要划分为两个阶段。在建国初期的计划经济体系下的企业经营管理模式，借助国家政策的支持，由国家提供资金，负责企业运营。改革开放之后，市场经济体制下的企业经营管理模式，企业的经营目标是以市场为导向，对企业经营活动进行管理。

三、创新企业经营管理模式的重要性

对企业经营管理模式进行创新，首先是可以有效整合资源，随着信息技术的不断进步，为企业运营提供了很大的便利以及良好的机遇，企业需要随之改变管理模式，进行创新，以此优化资源配置，节省成本输出，进而提升经济效益，这是适应市场需求的必然选择。市场经济体制一直在改革和优化，而过去的企业传统的经营管理模式已无法满足市场需求，顺应市场发展的步伐。因此在市场经济体制不断完善的情况下，必须对企业经营管理模式进行创新，采取新的经营理念，使企业的发展具备竞争实力。

四、市场经济条件下企业经营管理模式存在的问题

组织结构不完善，企业构建的组织结构不完善、不合理，很多人员的追求目标就是经济效益；组织的灵活性不强，没有科学规划，无法随着市场经济的变化而变化；管理层对组织结构的重视程度不足，限制了企业发展；个别企业受传统管理模式的影响，组织结构庞大，职能管理混乱，难以适应市场发展的需求。

模式不完善。企业经营管理模式不完善，制度建设不全面。企业过于重视生产经营活动，对于管理的积极性不高，难以满足市场需求；管理层思想观念比较保守，在进行制度建设时对市场经济的缺乏认识，未结合市场环境制定灵活性的管理制度，导致企业经营管理制度存在很多不足。

人资管理不科学。企业实施的人资管理存在很多不足，一是激励制度不完善，无法激发员工的积极性；内部人员流动性高，人员素质普遍较低，影响工作的稳定开展。二是员工上升空间不大，晋升渠道不合理，复合型人才较少，高端人才稀少，人资配备不合理。三是员工的经管水平和技能水平较低，培训力度不足，限制了经营活动的开展。

五、市场经济条件下完善企业经营管理模式的对策

优化人力资源管理。企业需要对人力资源进行合理配置和优化，提升人资管理的水平，进而提升企业整体水平，促进企业稳步发展。在企业进行经营管理过程中，需要结合实际情况，考虑企业自身的人力资源情况，科学进行配置。一是引进创新型人才，专业能力强，素质水平高，以此提升企业的人才储备水平，打造高水平的人才队伍。同时建立完善的激励机制，借助科学的激励手段提升员工的积极性，促使员工不断创新，从而提升企业的竞

争实力。二是对员工开展针对性强的培训工作，根据员工的特点和工作情况，组织专项培训，同时注意进行专业技能教育，提升员工的业务水平和综合素质；还要强化责任意识教育和法律意识教育，提升员工的责任感，树立正确的价值观念和法律意识，树立良好的道德品质。

引进新的管理理念。在市场经济快速发展的趋势下，企业还需要引进新的经营管理理念，借助新的理念推动企业经营管理模式的创新，完善经营管理制度。企业需要结合本企业的实际情况，在参考法律法规规定的基础上，完善经营管理制度。企业可以参考和引进其他企业的经营管理模式和制度建设，吸收和采纳对自身企业发展竞争有利的地方，逐渐完善自我企业的经营管理模式。企业还需要关注市场经济体制的动态变化，对企业经营管理模式进行灵活调整，保证适应市场经济的发展，在发展过程中，如果发现问题，要及时解决。另外，企业还要注意打造信息平台，建立交互式沟通渠道，促进员工之间以及与企业之间的沟通和交流，促进信息共享，促进资源整合。

完善经济管理体制。企业在进行经营管理模式创新的同时，还需要注意完善经济管理体制，不断加强对管理体制的重视程度，完善制度建设，确保企业内部组织的规范化管理。企业需要明确各个职能部门和岗位的职责，将工作范围进行详细划分，定期组织考核，包括对员工、岗位和部门的多层级考核，以此形成发展合力，提升员工和各个部门之间的协作能力，同时也促进各部门职能的发挥。

在市场经济体制下，企业面临的发展环境变化较快，为了保证稳定发展，企业需要根据自身的经营情况，采取的运营理念等，必须选择适合自身企业发展的经营管理模式。通过企业经营管理模式的完善和科学组织，保证资源最优配置，力争降低成本输出费用，在提高企业内部效益的同时，也确保企业的外部影响为正效益，进而保证企业在市场经济大环境下的持续健康、稳定发展。

第二节 基于市场营销角度下企业经营管理模式

无论市场经济如何变化，营销都是企业最为关键的一项工作内容，直接决定了市场的活跃度。因此企业不应因为市场的不稳定而产生慌乱心理，而是要将营销工作确定为企业发展的核心，加大市场调研力度，明确市场需求，了解用户的反馈意见，并研究同行业企业的发展特点。此外，还应坚持诚信经营，不断完善内部管理制度，建立高质量的营销队伍，并与其他职能部门紧密配合，这样就能保障营销质量，从而提升企业的整体经营管理水平。

市场环境在不断变化的过程中导致企业需要面临一系列的生存危机，因此企业必须结合市场发展的特点不断进行改革，吸引优秀人才，提高自身的核心竞争力，但与此同时也必须确立营销为本的发展理念，加大营销管理力度，从价格、销售渠道等多个方面进行优化处理，并且企业需要根据自身的特点研究营销策略，分析自身弱点并加行加固。

一、二者的关系

互相依存及影响。市场营销模式取决于市场经济的发展特点及所处阶段。较长时间以来，市场营销以街头推销为主，但随着市场竞争越发激烈，市场经济体制逐步完善，营销方式产生了巨大变化。当前的市场营销包括四项主要内容，分别是服务、网络、概念及整合营销。通过对比可知，两者的区别在于导向不同，传统与新兴营销各自的导向分别是生产观念和消费观念。前者的重点在于企业生产，企业重点考虑的是如何将已经生产好的产品推向市场，寻找更多销路。而后者的特点是以顾客需求为基本原则，然后在此基础上针对性生产产品，这种营销模式显然具有更多优势，便于企业了解市场需求，及时调整生产观念及不合理的规章制度，从而实现企业经营管理水平的整体提升，确保企业少走弯路，减少经济损失。基于传统市场经济的特点，企业在规划营销战略的过程中必须将企业的总体战略作为前提条件，这就表明如果企业总体发展战略规划有误，会直接影响产品营销，程度较轻时会减少企业的利润，严重时则会导致企业声誉受损，并失去顾客与市场这两大最为重要的基础支持力量。但在市场经济持续发展的过程中，市场营销与企业整体发展之间的关系逐渐产生变化，从以往的从属关系转变为互相依赖与影响，并且在多数企业中市场营销战略的核心地位已经完全确立，纵观沃尔玛、海尔等大型企业的成功，与市场营销战略主体地位的确立直接相关，并高效配合其他职能战略，从而稳固了企业的市场地位。

营销的推动作用。市场营销策略是否成功取决于企业有无遵循诚信经营这一基本原则，只有将公平、公正、公开理念落到实处，才能帮助企业在市场中树立起良好的品牌形象。具体来说，营销与企业形象的关系主要体现在以下几个方面。第一，市场经济环境始终处于变化状态，但也从不缺少商机。如果未能及时抓住，则不利于企业获取重要的市场信息，进而影响经营管理质量。只有分析市场动态，抓住商机，获取关键信息，才能制定出科学合理的企业管理策略，从而树立企业品牌形象，吸引更多顾客。日本的丸井百货就调查了日本青年的超额消费情况，整合数据信息后决定实行分期付款制度，从而收获了庞大的青年客户群体，树立了良好的企业品牌形象。第二，企业经营者必须洞察市场信息，研究竞争对手，掌握其产品弱点，并在企业自身的产品中重点加强薄弱环节，进而获得消费者的支持与信赖。

二、经营管理模式

通过以上分析可知企业的整体管理工作能否顺利开展与市场营销密切相关，为了使营销的作用得以充分发挥，还应采取以下几种措施。

（一）提升服务水平

确定客户是上帝的基本服务理念，对整个营销服务过程加大监管力度，根据用户的反馈意见及时调整不合理之处，并建立专门的台账，用于记录用户反馈信息。安排人员定期造访用户，提供主动服务，尽可能将一天的服务时间延长至24小时，提供连续、不间断服务，从而提高用户满意度，不断扩大市场规模。

（二）完善经营管理体系

1. 产品研发

加大市场调研力度，明确市场需求，了解客户建议与意见，合理配置各项技术资源。在适当的时机推出存在差别化优势的产品，并确保产品在市场中处于领先水平，与此同时又符合用户的基本要求，这样既能够实现产品的创新，又能确保企业在市场竞争中立于不败之地。此外，在市场调研时通常会获取大量的用户反馈信息，整合后仍然存在较多不同意见，因此在开发产品时也应充分考虑不同层次用户的需求，进而不断扩大消费群体，为企业收获更多的顾客。

2. 营销管理

第一，营销管理基础。加大企业内部管理力度，完善内部管理制度，建立完整的管理流程，促使营销管理工作向专业化、科学化方向转变。需要完善的内容包括合同、项目信息、库存、客户资料等各类台账。从而实现信息的高效传递，确保企业经营管理者在制定决策时能够参考真实的数据信息，从而保障决策的准确性与可靠性。根据市场调研与分析结果在企业召开会议，鼓励员工发表产品改进与创新的建议，并在成本方面制定出合理可行的措施，为企业节约成本，从而获取更多利润。将客户管理工作作为一项重点，提高忠诚客户的数量，为企业获取稳定的支持群体，提高市场占有率。在对客户进行管理的过程中可采取分类管理的方式，主要以客户的购买量及其在自身行业领域和所在区域内的影响力作为依据，从而利用客户本身的影响作用发展出更多的潜在客户。为了获得客户的信赖与支持，企业必须严加管理合同，准时交货。可从两方面入手：首先是商品销售，需要与技术部门随时沟通，合理编制销售计划，将库存量降低至最少，确保每个月都能完成已制定的产销计划。其次是客户方面，必须保持联系，掌握合同动态，出现变动时必须与客户及时沟通，以免出现不必要的纠纷。第二，营销网络。营销网络的建设是十分必要的，可有机协调内外部信息，促使事业部及销售部门高效开展各自的工作，提高员工营销策划与开发市场的责任意识及能力，不断加大协调配合力度，从而建立起完善且能够高效运行的营销网络体系。第三，营销队伍。人才是企业的核心竞争力，只有具备高素质人才这一资源优势，企业才能获得更多的市场发展机会并实现长远发展。因此企业必须加大营销队伍的培训力度，全面提升员工的营销水平及综合素质，打造高质量人才队伍。因此首先需要明确销售指标，将其与各个岗位密切关联起来，确保员工个人的业绩与收入呈正相关。除了内部营销人员之外，企业通常还有专业的驻外销售队伍，部分人员在脱离企业监管的情况下难免会出现懈怠、疏忽的状况，针对此问题可实行淘汰制，纠正员工"混日子"的不良观念，达到优胜劣汰的目的。该制度也有利于激发那些本身就对自身及企业较为负责的员工的工作动力，促使其更加专注地投入到营销工作中。此外，为了提高员工的业务素质，还应加大培训力度。除了集体培训，还应留给员工自主消化的时间，从而促使员工扎实基础。此外，企业在开展培训工作时应注重实践性，而不应仅局限于理论层面，为员工提供边干边学的机会，只有这样才能将理论与实践融为一体。另外，公司应为员工提供广阔的发展前景，促使员工尽情施展个人的才华，这样也可在企业内部营造出良好的竞争氛围，进而打造出积极向上的高质量营销团队。第四，营销策划。营销策划是一项十分关键的工作内容，如果策划有误，必然会影响营销质量，进而对企业的整体经营管理工作造成严重影响。因此要求企业明确自身的发展目标、方向以及产品的市场和价格定位，然后在此基础上进行策划，并确定好具体的布点。此外，员工的个人能力与策划质量密切相关，因此企业应对负责此项工作的员工进行重点培训，提高员工专业水平并丰富其经验，为企业的发展提供有力支持。

3. 其他营销部门

在确定好市场营销的主体地位之后，企业中的其他职能部门应围绕这一中心开展各项工作。明确市场需求，挖掘潜在客户，提高服务质量。获得用户的支持与认可，从而提高用户满意度。各部门对应的工作包括产品开发、技术研发、产品生产、各项营销工作的管理与策划等，因此只要其之间做好协调与配合工作，就能实现各职能部门的高效运转，从而不断提高产品销量。

总而言之，在激烈的市场经济环境下市场营销战略是否合理决定了企业的整体竞争能力，因此企业必须将市场营销工作重视起来，研究用户特点，加大市场调研力度，获得市场先机，并开发具有创新性及差异化优势的产品，从而为企业争取更多的有利发展因素。

第三节　世界级企业的经营管理模式

企业是国家创新体系的核心主体，世界级企业更是科技创新强国建设的"领头雁"。在全国科技界和社会各界的共同努力下，我国科技创新持续发力，加速赶超跨越，实现了历史性、整体性和全局性重大变化，企业、产业和国家创新实力大幅增强，已成为具有全球影响力的创新大国。然而，我国创新驱动战略尚未有效和全面落实，国家创新体系整体效能亟待提升，提高我国企业在全球价值链中的地位仍任重道远。党的十九大指出中国特色社会主义进入新时代，明确提出要"培育具有全球竞争力的世界一流企业"，不断增强我国经济创新力和竞争力。那么，什么是世界级企业？世界级企业有哪些典型特征？世界级企业的基本经营管理要素和典型模式有哪些？世界级企业未来要面临什么样的管理趋势？探讨和理清这些问题，对我国企业抓住新一轮科技和产业革命机遇，培育全球持续竞争优势，实现高质量发展具有重要意义。

一、什么是世界级企业

世界级企业的定义。综观企业发展史和世界 500 强企业，以及那些对人类社会和产业进步发挥重要推动作用的卓越企业，我们必须认识到，世界级企业不是单纯规模大、产值高或市场占有率高的企业，也不单是具备单一市场或单一技术、产品优势的企业，更不是单纯追求经济效益的企业。世界级企业是立足本土，面向全球，愿景清晰，使命高远，秉持企业家精神，有效把握和运用企业经营管理基本规律，依靠艰苦奋斗和持续创新，持续引领企业和产业技术跃迁，从而有能力、有效和持续地进行经济价值创造，同时承担社会与国家发展使命，推动全球包容可持续发展和赋能人的价值实现与幸福感提升的企业。

世界级企业的典型特征。被誉为"创新的先知"的熊彼特在其经典著作《经济发展理论》中指出，伟大的企业和企业家是时代的产物，也是推动时代转型与社会进步的中坚力量。无论是诸如谷歌、微软、苹果、IBM、通用电气、丰田汽车、西门子、富士胶片、杜邦、强生、亚马逊等发达国家的世界级企业，还是如塔塔集团、Reliance Jio、华为、中国中车、中广核、中集集团、阿里巴巴、腾讯等日益走向全球的新兴经济体企业，它们具有典型的共同特征：不但在销售额、市值、市场占有率等硬实力上显著超越同产业、同领域、同时代的其他竞争者，同时也在创新力、社会责任与影响力、公众信任度与尊敬度等软实力上拥有卓越表现。创新是国家和民族进步的核心驱动力，更是世界级企业生命力的源泉。它们据此实现效率、效益和品质领先，持续引领国内外资源配置、行业技术创新、全球产业发展和推动社会进步。概言之，世界级企业是时代的企业，更是显著推动时代进步的企业。

二、新时代世界级企业经营管理模式

当前，中国特色社会主义进入新时代和对外开放迈入新阶段，全球范围内以数字化、网络化、智能化为代表的新一轮科技与产业革命方兴未艾，工业经济加速向知识经济转型；中国发展也正在从需求驱动走向创新驱动，从引进模仿和追赶为主迈向超越追赶引领创新，深度参与并重构全球价值链，并正在积极倡导新型区域和全球经贸与创新体系。这一时代背景下，需要重新认识和把握企业经营管理的基本规律，总结世界级企业的典型模式，从而加快培育具有全球竞争力的世界一流企业。

当前和未来相当长一段时期，企业经营管理的基本思想需要从传统的运营导向转变为创新导向，重点通过差异化的定位战略和持续创新变革的发展战略，朝着世界级企业的目标迈进。新时代世界级企业经营管理的基本规律与特色体现在六个方面：愿景驱动、战略谋划、重视能力、以人为本、持续创新、追求卓越。

愿景驱动。伟大的组织能够实现基业长青，最主要的条件并非结构或管理技能，而是超越经济目标的信念驱动。愿景是领导者的经营哲学、企业核心价值观和发展使命的集中体现，其不但是组织的精神动力，也是组织可持续发展的保障，更能够服务于组织经营，进而持续提升组织绩效。德鲁克在《管理的实践》中认为伟大的企业家要思考三个问题：我们的企业是什么？我们的企业应该是什么？我们的企业将是什么？这是思考企业文化的三个原点，回答了企业存在的理由、核心价值观和未来的方向，也集中体现了一个企业的愿景。

明确和坚守企业愿景与使命是一个艰难的过程，但正因其难，驱动力愈强。彼得·圣吉在《第五项修炼》中也把"共同愿景"作为组织的五项修炼之一。通过大量研究发现，在人类群体中，很少有像共同愿景这样能激发出强大力量的因素。例如微软的愿景和使命是"赋予全球每个人和每个组织强大的力量，使其取得更大成就"，阿里巴巴的愿景则是"让天下没有难做的生意"，而一贯被批评"没有梦想"的腾讯，也于近期将企业愿景和使命更新为"科技向善"。微软、谷歌、亚马逊、苹果、强生、阿里巴巴等世界级企业，都是将自身生存发展目标与国家和全球发展的趋势与共同挑战相结合，制定超越经济目标、独特而清晰的使命与愿景。

战略谋划。战略谋划是最重要的计划形式之一，是组织的一种总体行动方案，是为实现愿景和使命而作的重点部署和安排。明确而清晰的战略是使组织在竞争中取胜并保持生机和活力的重要前提。企业战略已经成为决定企业竞争成败的关键与核心问题之一。战略谋划具有全局性、连续性和假设性三个主要特征，是对企业所处竞争环境和对手的特征、演变与趋势的全局性、动态性和前瞻性判断与应对，有利于企业明确方向、合理高效配置组织资源从而获取竞争优势。例如苹果公司从最早的个人电脑业务为主，利用对技术创新趋势和市场趋势洞察，实现了从个人电脑业务向手机移动业务的转型，抓住了PC互联网向移动互联网的新发展机遇，如今面临中高端手机市场的饱和和激烈竞争，又在谋求通过向中低端市场渗透来保持复合增长。日本富士胶片通过对现有技术和新技术前景的战略预判，做出从传统胶片业务向数码技术转型的战略大转弯，如今已成功转型成为医疗成像和生命器械领域的千亿级营收企业，其昔日的竞争对手柯达则因为错失战略转型机遇而走向了破产。

需要注意的是，知识经济和人工智能时代，企业的战略谋划应该更加兼顾技术创新与伦理治理、环境保护，更加关注中长期战略谋划与短期战略执行的动态平衡匹配。与此同时，数字经济模式也正在冲击和改写着包括关注单一优势的波特战略、关注两种竞争优势的蓝海战略等传统企业竞争优势理论，商业生态系统的兴起也加速了竞争理念的式微和面向协同共生的战略运营体系的崛起。谷歌、亚马逊、海尔等公司的实践表明，差异化、低成本和集中策略可以同时实现，也能够实现商业伙伴的共赢。

重视能力。基于资源观的企业管理理论普遍认为企业有形资源和无形资源的组合能够带来能力的积累和提升，而核心能力则是企业竞争优势的源泉。资源基础观等理论认为企业可以看作是资源的有机组合，这些资源包括人员、财务、设施、技术、管理等有形资源，也包括文化、品牌、关系等无形资源。在拥有资源的基础上，还需要提高组织内部的学习能力来释放异质性资源的价值，并且要能够主动创造、购买和转化组织内外的资源。组织学习的途径主要分为利用性学习和探索性学习，利用性学习侧重对现有技术和资源价值的充分利用，有助于企业在现有技术和产品轨道上不断提高技术能力和产品质量。而探索性学习则恰恰相反，强调对组织未来发展所需的技术和产品的探索性开发。虽然探索性学习的投入更多、风险更高，但是对打造组织面向未来市场需求的技术与核心能力具有重要的战略意义。例如谷歌和 3M 公司都注重给予员工 15% ~ 20% 的工作时间来开展自主探索而不管这些方案是否直接有利于公司（俗称"干私活儿"），虽然没有明确的时间控制，但是这种鼓励探索和创新的文化和理念，促成了组织内个体和团队开展探索性学习和创新的重要"场域"，这也是世界级企业实现持续跃迁的重要手段。3M 公司在公司战略中也明确强调"投资创新，既要专注于现有的市场机会，同时更要关注未来的大趋势"。

数字化和零工经济时代，如何将员工的个人能力转化为公司能力，则日益成为企业提升核心能力的重要议题。对此，3M 公司的做法是在公司的领导行为准则中明确列出一条"坚持诚实的品质与透明化的管理，自我发展并帮助员工成长"：一方面通过公司愿景和文化激励员工自我发展，并通过技术卓越与创新奖来及时奖励创新者；另一方面也建立双梯职业发展进阶制度，为那些个人核心能力强的员工提供足够的职业上升激励。此外，3M 还设立了内部孵化器和天使投资，确保公司能够及时将员工的个人能力和创新成果吸收转化为组织未来发展的核心能力。中国的海尔集团则是更进一步，通过开放创新平台建设，打造共创共生的生态，将外部的创新资源和创意吸纳作为企业能力提升的一个重要渠道，实现了内外部创新资源的高效整合。

以人为本。以人为本的人文精神是近现代西方科学的主流价值导向，也和中国哲学的根本精神高度吻合，是东西方管理思想的共同价值内涵，也是对"人企合一"企业经营管理规律的深化发展。以人为本的经营管理理念是确保员工和企业共同成长，进而实现企业持续更新、基业长青的根本保障。卓越企业家首要的任务是通过设立伟大的愿景和可行的战略与组织模式，将公司的愿景与个人愿景有机整合，并通过管理模式的改善和企业文化的培育，鼓励组织内部的多样性和互补型合作，激活员工的主动性和创造力。3M 的前总裁 William L.McKnight 曾说，"随着企业规模的增大，我认为把责任分权给员工，并让他们保持主动性是必需的。在管理上最有毁灭性的争议就是在犯错误的同时也失了员工的主动性。而我们需要更多有主动性的人才能保持公司继续增长。"而谷歌、Netflix、微软和华为等世界级企业，都将员工视为企业最宝贵的资源之一，一方面以优秀的企业文化和薪酬待遇吸引高创造力个体加入，另一方面给予个体以充分的信任和赋权，尤其是建立了公司范围内高透明度和高度民主化的沟通决策和反馈机制，既保障了公司战略意图和使命的高效传递与执行，又能够激活自下而上的创造力与创新积极性。

谷歌对优秀工程师的重视不但体现在高薪酬上，更是体现在自主权上。谷歌创始人和高管不会在工作方式上多加干预，并且将与工程师团队小范围的非正式谈话作为核心任务之一，创始人还会在每周五的"TGIF"（Thank God, it, s Friday."感谢上帝，今天是星期五"）大会上与谷歌全球的工程师开展线上和线下的对话，倾听大家对公司和市场的吐槽与建议。华为于2008年上线的"心声社区"，被誉为"华为人的罗马广场"，提供了一个管理层自我批判、员工内部匿名和坦诚分享交流的平台。这种打破层级和透明的制度化平台，一方面共建了企业的信任文化，另一方面也使得企业管理战略制定和实施能够将自下而上的真实信息与自上而下的战略预判相结合，保持组织对内外部环境变化的敏感性和快速适应性。

持续创新。世界级企业一定是与时俱进、与时代共成长的企业，通过拥抱变革、持续创新的企业文化和动态协同的组织学习与创新网络，实现包容赋能，打破路径依赖、破除核心刚性，是实现基业长青的根本所在。3M公司认为"创新是我们最大的竞争优势，也是3M的核心"。外部环境越是复杂多变、模糊无常，企业越需要强化对创新流和技术流的管理能力，从而抓住非连续性创新机遇，实现技术和产业高地的跃迁。

今天，创新已经不仅是产品和技术的研发，还融入商业过程的重塑以及全新市场的开辟中，甚至，管理创新的重要性要大于技术创新、流程创新和商业模式的创新。加里·哈默在《管理大未来》也强调，创新的四个层次分别是营运创新、技术创新、战略与商业模式创新、管理创新。持续创新的主要模式包括以科技创新为核心的全面创新，如西门子、3M、华为和格力电器；突破组织边界、面向用户、内外协同共生共创的开放式创新，如宝洁公司和海尔集团；在现有技术基础上开展探索性研发和新市场开辟，实现非连续性技术创新或市场颠覆的颠覆式创新，如亚马逊网上书店、从低端逆袭的吉利汽车、核心业务消失但核心技术永存的富士胶片公司；利用更少资源为更多人提供更好产品与服务的朴素式创新，如印度塔塔公司生产的高性价比汽车，宝洁、通用、强生等公司开发的适用于发展中国家和贫困地区用户的产品；产学研用一体化的协同创新，如谷歌公司与高校学者共建Google X实验室，华为、中国中车等公司与顶尖高校共建研发中心攻克核心技术。

追求卓越。即应用全面质量管理、精益管理、复杂系统科学管理等经营管理的方法论与系统工具，实现企业创新文化、创新经验和创新目标的显性化、制度化与动态优化。追求卓越，是在战略一流、人才一流的基础上实现质量一流、技术一流、服务一流，从而持续保持品牌一流和管理模式一流。精益管理源于精益生产，被誉为最适用于现代制造企业的生产组织管理方式。精益管理由最初在生产系统的管理实践成功，已逐步延伸到企业的各项管理业务，也由最初的具体业务管理方法，上升为战略管理理念和创新战略。精益管理和精益创业能够通过提高顾客满意度、降低成本、提高质量、加快流程速度和改善资本投入，实现股东价值和社会价值最大化。

如格力电器应用精益管理和全面质量管理思想，探索构建了创新管理与质量管理相结合的"质量预防五步法"和"质量技术创新循环"。前者通过需求调研、计划制定、执行落实、检验检查、改进优化等 5 个步骤，对质量管理体系进行严格的过程管控，从源头杜绝质量问题，确保产品"零缺陷"。后者则从顾客需求引领、检测技术驱动、失效机理研究、过程系统优化 4 个方面运用适宜的质量工具和方法，深入排查质量隐患，有效保证质量技术创新的效率和成功率，助力格力在空调行业持续保持行业质量水平和经营绩效全球第一。中国中车青岛四方公司通过精益现场、精益制造、精益管理的探索，形成生产、公益、质量和物流等多项管理链，将精益思想与专业化管理融合、落实在制造现场。而中国商飞则是通过面向超复杂产品系统的科学管理，成功研发和试飞 C919 大型商用客机，成为中国民用航空跻身世界级航空公司的里程碑。

三、世界级企业面向未来的管理挑战

时代转型：正在来临的人工智能与全球创新时代。科技和产业革命推动了人类社会从农业社会向工业经济和知识经济的两次转型。如今，以量子理论、人工智能为代表的新科技革命，正在将人类推进至人机交互、增强智能和有机更新的"新智人"时代。超级技术和"人工智能＋"经济模式的出现，为世界级企业创造了新的发展机遇，也提出了更高的道德与伦理维度的要求。正如亨利·基辛格在《启蒙运动的终结》指出的，"启蒙运动本质上始于由新技术传播的哲学见解。我们时代的情况恰恰相反。当下已存在可以统领一切的技术，但需要哲学的指引"，因为"我们无法完全预测新技术的变革带来的影响，它发展到顶点时，可能会带来一个依赖于数据和算法驱动的机器、不受伦理或道德规范约束的世界"。未来，世界级企业的经营管理需要强化哲学思考，以人文精神引领科技变革，使得科技革命成为能够惠及大多数人的福利载体而非少数群体的牟利工具。

回归本源：从机械观回归生命观。新时代新趋势，世界级企业的培育必须回归商业的本质和企业经营管理的本源。长期以来，以科层制理论和科学管理思想为代表，几乎所有的管理、组织变革和人的行为理论与方法都基于机械观，认为员工都是缺乏创造性、只能按照规章制度运作的机器，这严重束缚了员工的创新积极性和组织共同愿景的实现。然而，21 世纪的世界是一个充满复杂性的生命系统，机械观主导下的方法论无法理解和应对复杂性系统，生活和生命系统为应对快速变化和无止境创造的世界提供了全新视角。视组织为生命系统的新世界观为领导者提供了打造卓越组织的新原则，包括：有意义的工作才能激发创造力，创造力依赖于多样性，多样性是实现一致性的途径，员工创造力的觉醒和自我激励能够为共同愿景的实现和变革提供持续动力。

面向未来：拥抱第四代管理学。全球范围内的新科技革命、西方管理理论与实践的张力和中国特色管理实践，正推动管理学向中国哲学引领的第四代管理学——整合管理转型。第四代管理学的兴起，象征着中国哲学整体观、系统观引领的科技与哲学相融合、东西方理论与实践相融合的管理学理念的崛起。摆脱单一的经济思维和原子化的局部思维，从人和社会的全面可持续发展以及幸福感提升这一新价值理性出发，来重新思考商业的本质与终极目标，是新时代管理学理论的立足点，也是世界级企业经营管理的价值原点。基于此，强调哲学洞察、自然科学技术与社会科学人文精神相结合，重视愿景与战略引领管理创新和技术创新的整合式创新理论，不但是对全面创新、自主创新等传统企业经营管理规律和模式的全面升格，也是加快培育具有全球整合竞争力的世界一流企业的重要理论体系支撑。

在中国特色社会主义新时代和全球创新大趋势下，加强理论与实践融合、东方与西方融合，满足"人民群众对美好生活的需求"基础上"建设更加美好的世界"，是世界级企业建设和中国管理学的双重时代使命。立足本土，面向全球可持续发展，兼顾经济价值、社会价值和人文价值的创造与传播，是未来世界级企业经营管理的重要内涵。

第四节　大数据时代下企业经营管理模式

大数据是近些年来新出现的一个词语，是在网络平台上各种数据的集合，汇集了各种巨型信息，能够对大量的信息进行收集分析，为企业经营管理提供了重要的参考。在新时代背景下企业处于转型发展的关键阶段，在各方面都需要改进完善，在经营管理模式上也需要改善，这对在大数据时代背景下经营管理模式的改革创新具有重要意义。

作为一种近些年来在网络信息时代新出现的事物，大数据在企业经营管理中得到了有效的运用，对企业发展发挥了重要的作用。作为一种新事物，虽然大数据应用很广泛，但没有达到成熟完善的应用地步，为有效发挥大数据技术在企业经营管理中的作用，需要对其概念与技术应用等方面加强认识了解。

一、大数据概述

大数据是网络多元化的重要体现，是各类巨型数据的集合，这些数据主要产生在社交网络和搜索引擎，以及电商网络等网络之中，有着体量大等几个特征。大数据和云计算之间的联系是很密切的，单一的计算机不具备处理大数据的能力，需要对分布式计算框架进行利用，以此深度挖掘巨型数据，但一直要以云计算分布式这种处理方式为依托，对处理方式过于依赖。在20世纪80年代科学家就做出预测：大数据将会对人们的思维、工作生活产生颠覆性的改变，近十年的时间里大数据在互联网技术中占有重要的位置，关注度越加提高，这对企业经营发展来说是一种难得的机遇，也是必须要面对的残酷挑战。

二、在大数据时代背景下企业经营管理模式创新途径

大力培养专业人才。人才是企业竞争的一个重要决定性因素，所以企业要高度重视人

员调配和管理这项工作。想要将优秀人才留住，吸引住人才，将企业自身优势发挥出来，需要对人才管理这项机制建立健全，使人才需求得以满足。实施人才战略，首先要引进人才，这点通过大数据是可以完成的。在众多数据信息当中结合分析和对比、综合考量结果，对优秀人才数据进行筛选，向企业反馈数据信息，以此作为参考。这恰好说明了在大数据当道的时代背景下企业对人才的需求是很高的，要求自然也提高了，既要掌握计算机方面的知识，而且也要掌握营销管理等方面的知识。由此满足了企业经营发展所需要的知识技能要求，这是通过大数据对人才进行引进的一种途径。除了要将专业的优秀人才引进来，也要注重对人才的培养，使工作效率与质量得以保证。企业在对人才进行培养时要认识到在人才层面上具有的优势，使工作价值能够得到提升；不同部门在工作需求上是不同的，对人才的要求也是不同的；信息分析处理是现代人才应该具备的一种能力要求，即对计算机运用的熟练程度，这些都是员工应该具备的职业素养；企业也要制定培养内容和路径，如和高校建立顶岗实习合作关系等。

建设相关平台。数据在经营发展中是随处可见的一种事物，在日常生产中要将对数据的记录分析工作做好，以此为生产速度与数量、质量的准确掌握提供依据，以此有效把控产品质量。对于销售环节企业可借助电商和社交网站对消费者的访问和消费记录进行收集，对消费意向、市场需要进行分析，有针对性地对产品进行生产，也有针对性地将产品推荐给消费者。数据能够为企业内部管理提供帮助，找出在管理中出现的不足，能够对问题及时解决。因此，企业要建立相关平台，发挥对大数据的管理利用作用。首先，对企业内部数据总库健全完善，对网络管理平台进行创建。对数据总库来说管理模块要涵盖人力资源等多个企业管理内容的数据库，将各部门的数据录入到数据库当中。其次，通过数据平台的建立，员工能够对所在部门与企业运营情况快速地了解。最后，借助部分开放以及资源共享这项功能，与其他企业建立伙伴关系，因此企业之间利益共享关系就已经成立，可开放数据平台的部分内容，作为与合作企业之间共享合作的平台基础，通过对合作共享平台的建立，增进合作企业之间的关系，实现互惠互赢的目的，对本企业经营管理起到有利的作用。

通过双学位联合培养，积极探索以国际化、创新、协作为主要特征的国际教育合作人才培养模式，在提高专业人才培养质量的同时，提升了学校和学院在国际上的影响力。实践经验可进一步推广到国内外高校其他同类型专业，乃至工程专业。本研究为相关行业研究生的培养提供了值得借鉴的新思想和新模式。

对经营管理体系进行建立。合理的饮食对于控制患者的恶心呕吐具有积极的作用，如平时应摄入足够的蛋白、热量、维生素、纤维素等，而在化疗当日则改为清淡饮食，同时注意避免摄入辛辣、油腻、生冷的食物，适当进食蔬菜、水果等，适当饮水，均有利于减少恶心呕吐的发生。

对决策机制的建立。完善管理机制是企业一项不能松懈的工作内容，才会对综合实力起到提高作用。应用大数据技术对管理具有改革创新作用，管理分成上中下这三个层面，每个层面相互关联，因此要全面开展企业管理工作。对高层管理这个层面来说主要由领导层组成，对各部门经理工作指导的职责；中层由各部门经理组成，指导每个项目小组组长的工作；基层多为小组组长，指导每位员工的工作，通过层层管理使管理工作更加规范，更加标准，将会对管理效率产生有效地提高效应。

此外，消费者，尤其是正在承受过敏症状的公众，正越来越多地要求对室内空气质量进行分析，并开始测试他们自己的家庭环境。

决策活动对企业的发展方向和速度，对提升经济效益具有决定作用，对生存发展具有重要意义，所以决策要非常谨慎。决策要从经济市场与企业自身实际出发，不能只是泛泛而谈，这会导致落后于同行业的企业，发展停滞，最后被淘汰。决策人员通过对相关技术的运用对市场供求情况、顾客需求信息进行采集，为生产数量、销售需求的调整、销售地域的扩展提供决策的依据，也为在市场需求条件下是否需要结合市场需求做出转型。

尽管近年水资源论证工作取得了很大成效，但该项制度建设起步较晚，实践时间较短，还存在一些问题需要改进和完善，亟须出台水资源论证配套法律法规，从而形成我国完善的水资源论证制度体系。

建立基于大数据背景的员工考核机制。工资福利对员工来说能够从根本上激发其积极性，也能够从根本上提高工作效率，因此要将其绩效考核这种机制重视起来。这种机制分成考核制定与评定、反馈三个部分，对考核目标的制定要以企业自身发展与员工效率为基础，将大目标进行细化，逐步实现每个细化的小目标，在开展工作中可结合工作进展对小目标做出调整，保证大目标的完成更加顺利。对考核评定而言是指对员工月度工作表现的评定，是一个最重要的考核环节，对工资福利份额具有重要的决定作用。对考核机制而言指的是企业向工作人员告知考核结果，让其对工作情况进行了解，为工作的改进提供参考。

对大数据经营管理网络系统的建立。为了使各数据的运用更加有效，在管理创新上的需求得到满足，这就需要对大数据网络系统进行构建。该系统能够保存和运用非结构化和半结构化这两种形式的信息，凭借着对大数据网络的运用，能够对网络系统进行构建，这个系统运行高效，各系统构成联系紧密，节约了数据收集处理的时间，对商业价值具有深度挖掘的作用，以此为企业发展提供数据支持。除了这些大数据网络系统所具有的作用是很丰富的，能够有效监控数据流向、数据库，向企业传送监控报告，这使企业对于数据的掌控也会更容易一些，也能够对服务内容、产品信息能够实时展示，这对数据管理来说更科学，也更具时效性，对企业工作具有很大的帮助。从企业和客户之间的关系上看企业能够借助对大数据网络系统的运用，借助网络信息来收集客户信息，用来对新客户的大力发展，通过吸引作用达成合作意识。企业也应该保持与老客户的联系，拉进和老客户的距离，避免流失，使与企业合作的客户数量更加稳定。运用大数据结合客户信息对客户在年龄与喜好等因素进行分析，面对不同的客户群对具有个性化特征的产品及服务计划进行制定，使客户实际需求得以满足，信赖程度得到增加，合作关系更加稳固，对企业规模扩大与产业升级具有重要的促进作用。

大数据极大地促进了企业经营管理的发展，对经营管理模式进行了很大的改进，对各项管理工作的开展提供了很大的便利。为使大数据对企业经营发展提供强大的支持，首先要加大对大数据平台的建设，完善平台基础设施，重点对大数据管理人才进行培养，掌握数据信息操作能力，运用数据信息准确掌握生产运营情况，掌握客户信息，以此为企业决策提供准确的依据。

第五节　媒体融合背景下传媒企业经营管理模式

随着新媒体的快速发展，媒体融合已经成为传统媒体发展的必然趋势，在媒介融合的大背景下传媒企业的经营管理模式也势必面临着新的机遇和挑战。传媒行业历经无声电影、广播和电视时代，经历了多次的变革，在新媒体技术的驱动下又呈现出全新的发展模式，从而实现技术与管理的全面创新。本节基于传媒史的视角，对媒介融合背景下的传媒企业管理模式分析其具体的管理特点。

媒体融合已然成为传媒企业发展的必经之路，国家对于传媒行业的发展也有了更高的要求，媒体融合本身就涉及"技术""运作模式""规则"及"产业"等方面的内容。而相比西方我国的传媒史还比较短，尤其是在融合发展之路上，本节通过梳理西方20世纪以来的西方传媒史，包括无声电影时代、广播时代以及电视时代的融合发展，借此提炼出科学认知媒体融合的过程。其中无声电影时代诞生于1896年，其生动视觉冲击给传统的戏剧业带来了很大的冲击，一时成为西方民众日常娱乐的主流，使得当时很多的戏剧票房缩水，大量的戏剧演出团体遭到遣散。从经营角度而言，媒体融合时期传媒企业经营管理战略上所具有的特征在此时已经初具模型。到1928年广播时代的迎来，又给无声电影和报业产生了巨大的冲击，而为了应对这一冲击，电影行业和报业也针对性地采取了很多的措施，很多电影业和报业主动引进了广播技术，在这种思维下形成了"报广融合"和"电广融合"的发展形式。而到了1950年随着电视时代的来临，凭借着其音频和视频结合的优点，很快占据了市场，给广播业造成巨大冲击，而为了在电视时代占得一席之地，广播业同样进行了变革，主动涉及电视媒体经营。纵观西方传媒史，无论是无声电影时代、广播时代还是电视时代，都是在经历不断的融合发展，借鉴相互的优势，从而促进自身的创新发展。

一、媒体融合背景下传媒企业经营管理的特点

纵观传媒行业发展历史，新技术的出现使得传媒行业在管理模式上也是不断地进行创新，新旧技术之间相互冲击和博弈，最终走向融合的发展趋势。结合西方传媒史的媒体融

合历程来看，每次的融合都呈现出一些相似的特点，主要呈现为：

（一）内容的跨媒介平移

在媒介的发展史上，每次面对新的媒体的冲击，传统媒体始终坚持内容为王的经营理念，再结合新技术寻求新的发展之路。无论是无声电影时期很多剧院将新的剧目拍成电影的做法，还是广播时代报业借助广播进行新闻播出方式的尝试，抑或是电视时代广播节目向电视节目的"平移"，都是传统传媒行业利用新技术实现内容产品的转型和创新。而从媒体融合角度而言，内容的跨媒介迁移一直是传统传媒行业面对新媒体冲击下的普遍选择，是在新媒体背景下对自身的"再定义"。所以根据传媒史的经验而言，在媒体融合背景下，传统企业的经营管理还是要以自身的内容资源为发展的根本，始终坚持为受众提供真实的，高效的，创新的信息和节目内容，这也是移动互联网时代我国传媒行业发展的基础和根本。

（二）双维度的并购重组

双维度的并购重组一方面指的是传媒同行之间相互的兼并和融合，另一方面指的是跨行业之间的整合，抢占新兴的市场，这两种模式是媒体融合时期的典型特征。前者主要是由于新媒体的冲击，为了巩固自身传统媒体的市场占有率或者是地位从而对其他同类型的企业进行的兼并过程，从而提高自身整体的规模和效益。这点无论是在无声电影时期，还是到电视时期都体现得非常明显。而对于跨行业的整合，则是传媒行业通过战略投资进行的跨领域并购，从而谋求高阶媒体领域内各类资源的把控。根据并购程度的不同，在进行跨行业整合的过程中传媒行业会选择局部投资，也可以是整体上的投资，涉及的内容更为广阔，包含资产投资、项目投资、市场渠道等等内容。总而言之，在新媒体的冲击下，传统的传媒企业一般都会选择双维度的并购重组，既能稳固自己的地位，又能获取新媒体的发展渠道，从而逐步的掌握新技术。

（三）技术与管理的协同发展

媒体融合，传统传媒行业首先受到新技术的冲击，所以对于传统媒体而言首先要做的就是弥补技术上的鸿沟和差距。但是对于传媒行业的经营管理而言，单只管技术肯定是不够的，企业技术也并非孤立的活动。一方面技术的革新也需要经营管理模式作为后盾，需要相应的团队和制度保障；另一方面新媒体技术的运用也要求对传统的业务板块进行重组，所以技术与管理之间需要协同发展和创新。从传媒史来看，有声电影的诞生固然是得益于新技术的支撑，但是音视频同步最终的实现同样与当时美国和日本电影公司内部技术不断的研发也有着很大的关系。自此很多的传媒企业在利用其他的新技术以外，也不断地研发自己的新技术，设立自己的研发机构，将技术与管理协同创新，因此可见，传统传媒行业的发展过程中是离不开新技术与新的管理模式的，二者缺一不可。

二、现阶段传媒行业经营管理的启示

（一）加强与数字互联网技术的融合

移动数字互联网技术已然成为当前媒体发展的新趋势，传统传媒行业的新媒体融合之路已成必然，根据传媒历史经验来看，其融合可以以内容数字化为基础，从而逐步的打入互联网技术内部。数字化时代传播者和受众的关系不断发生着改变，对于信息的需求和要求也越来越高。在此背景下传媒行业只有搭载数字互联网技术将书刊、视频、音频等内容数字化，呈现多样化的阅读和观看形式，满足用户个性化的需求，才能不断地谋求发展。同时以产品线延伸为主要发展方向，不断地拓宽投资和发展的方向，实现一次投资，多次产出。值得注意的是如广播、报刊、电视等传媒企业在与新媒体融合的过程中一定要注意与新媒体技术合作的切入点，从内容着手，依托多样化的产品，实现经营管理的创新化，信息内容的多样化，实现传媒企业产品服务形体的良性循环。

（二）促进企业内部融资机制的创新

媒体融合背景下的传媒企业在开展融资业务的内部体制机制上还不够健全，这也成为很多传媒企业兼并和发展的弱点。传媒企业要调整战略发展目标，实现企业经营规模和效益的增大，就需要从战略投资带动产业布局以及创新业务运作模式两个方面进行创新。首先在应对新媒体技术的战略投资布局上要加快文化战略投资者身份的转变，积极的从传统传媒产业经营者向新兴传媒参与者和发起者转变，成为互联网技术的一员，占据互联网市场发展的主导者。所以传媒企业应当充分利用文化产业政策的红利期，积极地开展并购重组，实现内容生产向内容运营的转化。同时积极的创新传媒业务投资模式，诸如员工持股制、项目制等等，充分的调动企业职工工作的积极性和创新性，实现人力资源的整合，提高企业经营效益。

（三）培养企业全方位的创新型人才

对于传媒企业而言，归根结底还是人才的竞争，尤其是具备高技术的创新型人才，才能够带动企业的全面发展。所以传媒企业应当广泛的招聘和培养科技人才，为企业的发展不断地注入新鲜的血液，为互联网技术的研发和维护提供强有力的人才队伍保障。另外还需要精心挑选具有经营管理的复合型人才，能够更好地掌握传媒企业未来发展的动向，为企业制定科学的战略发展目标，促进企业不断做大做强。最后招聘创新人才的同时也要对现有的人才进行培训，为职工提供广阔的成长和发展空间，鼓励企业职工进行跨行业的学习，为企业培养人才创造新的条件。

当前，我国媒体融合已然成为我国传媒企业发展的必然趋势，在此背景下传媒企业只有充分的了解媒介融合的发展特点，借助新媒体的优势，整合资源，优势互补，从而促进自身的创新发展。

第六节　新时代中国特色企业经营管理模式

在国际经济环境越来越复杂的情况下，我国企业面临着巨大的机遇和挑战。为了在激烈的竞争中取得成功，就需要建立一套符合市场规律和社会主义价值观的经营管理模式。在人本思想的指导下，本节首先总结了西方企业的成功管理经验，然后提出了符合中国特色的企业经营管理模式应当具备的特征，为真正建立起合理的新时代中国特色企业经营管理模式打下基础。

随着改革开放进入攻坚期和深水区，我国大中型企业的发展面临着一系列复杂的挑战与困难。为顺应市场竞争机制和我国自身发展特点，一套科学的经营管理模式是企业发展的基本保障，能确保企业在结构转型期平稳运作，朝正确的目标前进。然而，我国大部分企业在经营管理方面仍存在诸多不足，需要进一步改进和完善。

一、西方国家企业经营管理特点

日本企业经营管理特点。日本企业的经营管理制度都是建立在终生雇佣制这一独特的模式下的。这一雇佣制度能让员工产生强烈的归属感，将企业视为一个大的家族，因而企业对于员工的教育投入是十分巨大的。日本整个社会非常重视对孩子的教育和培养，在整个义务教育阶段，除了让他们学习基本的科学知识以外，更重要的是培养他们协作精神。而当毕业生进入社会，进入一个企业还需要经过长期培训，来熟悉企业文化，学习企业产品的相关知识，最后，再将这样的企业文化一代一代薪火相传。

因而，对日本企业而言，最重要的经营管理就是对人力资源的管理。这种人本管理理念在我国已经开始逐步推广应用。企业为员工提供足够的上升空间与培训机会，通过努力工作和绩效考核，使任何一个员工都能获得一个长期的发展愿景和职业规划。日本大部分企业。

此外，日本企业还有一个突出的特点就是危机处理能力十分突出。在突发性事件对企业产生影响后，他们总能采取适当措施，拿出解决方案，在较短的时间内挽回企业形象。而能做到这一点，则归功于日本企业对市场需求的敏锐嗅觉，因为现代企业管理模式虽方法各异，但就根本而言都脱离不了市场需求这个主线。

美国企业经营管理特点。美国企业经营管理最大的特点就是直线职能和高执行力。美国是一个崇尚个人自由，尊重个人意志的国家。在企业经营管理中，员工仅需要对其上司负责，在其职权范围内拥有较大的自主性。而任务目标也被分解细化成为员工个人目标，并制定相应的奖惩措施，保证每个个体能各司其职，各尽所能。在这样的制度下，团队精神也能得到彰显，即在每个员工独立工作的同时，通过一系列的规章制度来保证个体之间合作的效率。因此，美国的企业具有极强的创新性和自主性。

此外，美国企业最为看重的是企业的市场竞争力，在快节奏的生活中，市场的供需关系也是瞬息万变的。任何一个产品或技术细节都将决定企业的成败。因此，不拘一格的弹性管理模式也是其经营管理中的特点之一。

德国企业经营管理特点。德国企业经营管理是以公平正义理念为基础，这与德国重视思辨的民族性格有关。因此，德国企业的决策层是采取集体决策，任何企业的重大决定都要通过管理委员会和监事会。其中，管理委员会主要负责企业日常运作和绩效考核等，而监事会则决定企业的发展方向和制度拟定。而管理人员基本都在企业内部培养，几乎不外聘高级职业管理人才。这样的制度使得管理层自身就具备较强的专业技术，熟悉产品制作流程，有利于制定出合理的规章制度和发展规划。

另外，德国企业的人才培养也是其经营管理的一大特点。德国全社会都十分重视人才培养，也是开展职业培训教育最好的国家。德国企业招聘中考察的是应聘者是非具备相应的职业技能，而对学历学位并不看重。而对于一线工作员工，采用的是一套近乎苛刻的考核标准，即无论是新进员工、熟练工或者车间管理人员均按同一标准进行考核，而薪资报酬则直接与考核结果相关。同时，无论是一线车间员工或是管理人员也都接受相同的职业培训，因此无论是工人或是管理者，只要积极工作，努力学习都可以获得极大的提升空间。这样的经营管理制度也能较好的保证长期持续地发展。

二、构建中国特色企业经营管理模式的意义

经过改革开放四十年的发展，我国的 GDP 总量和综合国力均已达到世界第二位，即将全面进入小康社会。这就要求企业提供的产品和服务均需融入最新的文化和科技成果。从长远来看，中国企业只有将自主创新作为原动力才能在日益激烈的市场竞争中获得一席之地。而自主创新首先即是要做到经营管理制度的创新，因此，在吸收西方优秀管理经验的基础上，建立一套适合我国国情的中国特色企业经营管理制度是当务之急。

企业结构转型和深化改革的需要。随着改革开放进入深水期，我国企业在获得大量发展机遇的同时，也面临着更大更复杂的挑战。尤其是在全球化和信息化的冲击下，缘由的管理模式和理念体系都不再能适应新时代深化改革的需求。而一套能快速响应，将创新意识融入整个管理过程中，能不断进行战略创新、制度创新、组织创新、观念创新和市场创新的管理理念才能满足结构转型和深化改革的要求。另外，随着我国人民的物质和精神需求不断提高，将人本节化融入企业管理中，实现企业和员工共同成长，促进企业健康发展也是新时代经营管理理念的重中之重。

企业提升市场竞争力的内在需要。企业经营管理模式起源与 20 世纪七八十年代，它不仅仅是研究企业的管理制度，同时也是企业文化和企业的核心竞争力的组成部分。是企业在激烈的市场竞争中不断提升核心竞争力的重要源泉。在我国完善中国特色社会主义市场经济制度和市场全球化的大环境下，企业也应当对自身的经营管理模式进行相应调整。只有这样，我国企业才能在世界经济格局发生翻天覆地变化的情况下，不断提升企业的核心竞争力，在日益激烈的市场竞争中求得生存。

三、中国特色企业经营管理模式建设的建议

建立中国特色的人本管理模式。传统的企业经营管理模式均是以追逐经济利益作为首要目标的，而忽略了人文关怀，使得企业员工很容易失去奋斗目标，从而造成许多无谓的经营成本。而马克思主义人本思想认为人既是实现企业目标的工具，更是企业发展的目的。企业要切实转变经营管理观念，把关怀职工、调动人的主观能动性作为生产经营和用工管理的重要内容。只有这样才能持续提高企业的核心竞争力，并发挥出我国社会主义制度的优越性。

建立中国特色的企业创新理念。所谓中国特色的企业创新理念不仅是高层决策者的工作，更多的是要发动企业的全体员工，群策群力，不循规蹈矩，不墨守成规。为此，企业应当加大在员工培训方面的投入，培养起一批具有创新意识的优秀人才，将创新融入管理的全过程中，提高企业的运作效率，加快消费细节和消费信息的反馈，使企业能对市场变化做出及时响应。

建立中国特色的企业文化。企业文化是一个企业的脊梁，是上下一心的凝聚力和不断前进的指导思想。建立具有中国特色的企业文化，即是要结合我国自身国情和我国悠久的传统文化，建立起一套符合中国人价值观的文化内涵。我国上下几千年的文明史是全人类的文化宝库，其中不乏博大精深的管理哲学和思想，因此，我国企业管理模式中应当吸纳其精华，而不用完全照搬西方企业文化。

随着我国经济与社会的高速发展，有越来越多的企业进入了国际市场，在这种复杂的市场机制下，我国企业开创符合自身特色的企业经营管理模式的需求也日益迫切。建立一套新时代中国特色企业管理模式不仅要借鉴西方企业的成功经验，也应当符合我国的社会主义价值观和优秀的传统文化的要求。

第七节　媒体融合背景下传媒企业经营管理模式

媒体融合的趋势逐渐覆盖传媒市场，传媒企业的发展和经营管理需要进行适应性的改变，根据市场情况和大众的倾向来调整，企业的经营模式需要科学的规划，这样才能提高自身的竞争力，获得更大的发展时间。文章根据传媒史的发展历程和特点对传媒企业现在的经营提出建议。

一、媒体发展的研究意义

从未来的国际传媒发展趋势来看，我国的媒体融合速度也将加快，结合网络的发展，媒体融合更加受到重视。通过媒体融合的互动、整合和主题的规律分析，媒体融合与技术应用以及运行方式、产业等多方面有着密切的联系，发展的形式从工具逐渐到了意识方面，媒体融合主要受到技术的影响，另一方面，又受到成本的影响，根据媒体的利益和发展策略有关学者进行了研究，对网络和媒体的关系以及传媒企业的盈利方式进行了研究，进一步的分析制约传媒企业发展的因素，从文化、网络、经营和发展过程等多方面总结了传媒的进步和阻碍，根据传媒以往到现在的发展历程，对传媒企业的指导有着重要意义。

二、媒体史的三次变革

传媒的发展离不开技术的应用和创新，在传媒产品的形成中有着重要作用，同时对传媒企业有着一定的冲击和影响。从以往的结果来看，传媒企业通过技术的创新能够获得更大的发展空间，扩大自身规模，而媒体的三次变革就是在无声电影、广播以及电视这三种形式中发生。

无声电影。由于无声电影的产生，媒体的形式产生了新的变化，这使传统戏剧行业受到了前所未有的影响，在美国上映的无声电影导致戏剧演员退出竞争，新的电影院和片厂的诞生使老牌戏剧没有立足之地，戏剧票房也因此大大降低。日本的传统戏剧表演，歌舞伎团体由于无声电影的出现而逐渐淡出人们的视线，所以他们对无声电影充满反对。无声电影这种成本低的媒体形式使电影时代获得了发展的机会，而后逐渐被大众所接受，这是媒体转变的重要时期。

无声电影的产生使许多剧院开始以播放无声电影为经营方式，在美国当时多数剧院以放映无声电影为盈利的手段，在影院建立前抢先获得机会，比如 FOX 剧院。戏剧逐渐被影像化，通过片厂的合作，将经典戏剧拍成了电影，在日本比如横田、福宝堂等纷纷如此。同时，日本无声电影接纳了戏剧表演者，将其在电影的发展中延续，融合了两者的存在。

为了扩大范围，美国建立了戏剧联盟，收购大量剧院，结成相当强大的群体，对市场进行控制。日本的剧院为了获得更多的利益，将小片厂购入自己旗下，将戏剧表演者通过无声电影来得到生存机会，转行进入电影行业，最终成功地成为传媒中的领先者。

广播。广播的影响是由于娱乐形式的家庭化，广播的出现使电影行业以及报纸行业分别受到了一定的冲击，这使美国的收音机的产量获得了大幅度的提升，在几年间便获得巨大的收益，与广播签订合同的人数也突增。这使报纸的产量下降，逐渐衰落，广播不仅对报纸行业有着不良的影响，对无声电影和戏剧也有着不同的影响，在娱乐形式上更加倾向于个人性，与无声电影的集体形式相比，更加受到欢迎，这对电影行业带来了威胁。

广播的发展使报纸的收益受到了影响，报纸主要通过国刊登广告获利，但是在传播新闻的功能上，广播更加具有优势，报纸行业选择引进广播，增强自身的优势，通过广播播放新闻，以及投资广播电台，收购广播电台等方式来实现，这使报纸扩大了自身的实力，同时让媒体的发展有了新的改变，却对广播形成了较强的控制。在美国这种现象成为普遍的表现。

广播的听觉体验与无声电影相比，具有更多的乐趣和创新性，在花费上也比无声电影要更小，这种娱乐方式更加受人们所喜爱，无声电影由于广播发展的威胁，开始致力于提高音视频同步的技术，逐渐研究出先进技术的应用，将电影发展到一个新阶段，出现了有声电影，这个变化使电影获得了发展的机会。

可见，广播的出现给媒体时代带来巨大的变化，它的娱乐性和受欢迎程度也可以与其他媒体进行比较，无声电影和报纸都因为广播的出现产生了变化，这进一步说明广播具有很多的优点。

电视。电视的出现使音频和视频获得了结合，通过荧屏来进行欣赏，这使电影的魅力相对减少，在客厅进行娱乐成为更加受欢迎的方式，这也更加体现了家庭化和个体化的同步，电视的特点和广播相比更加具有吸引性，电视不仅能够传播新闻还可以从听觉视觉上同时带来体验，对电影、广播和报纸期刊都造成了影响。电影作为之前最佳具有魅力的媒体形式，因为电视的出现导致电影逐渐衰落，日本的观影人数和票房在电视出现之后都开始下降，美国的票房也大幅度下降，电影产业进入低迷状态。

电影行业为了挽救这个局面，选择在电视上播放电影，这使电影行业获得了生存的转机，给演员和导演等职业带来了机会，也更加趋向于家庭式娱乐，电影的展现形式由电影银幕变成了电视机屏幕，在播放的画质等技术上也进行了改善，电影通过这种方式获得利润，哥伦比亚公司将旧片子改编为电视播放片，还有著名的迪士尼也通过电视传播向人群。电影行业未来更多的利益，开始进行电视剧的投入，将电影形式转变为电视剧，与电视更加契合，这种转变使电影业得到了更大的发展空间，也收获了理想的收益。

广播由于电视的出现受到较大的影响，为了提高自身的优势，也选择向电视靠拢，申请电视媒体形式，将广播转变成广播电视网，通过技术审批之后转型成功，现在很多的美国电视节目由广播衍生，包括音乐节目和综艺节目等，多种形式的呈现使电视节目更加丰富，广播也获得了新生，这种音视频结合的媒体方式更加受到大众喜爱。

三、对我国现阶段媒体融合发展的启示

（一）传统媒体应有序吸收数字移动互联网技术

以内容数字化为基础，进入互联网生态系统。内容的跨媒介跃迁是传统内容资源的再编码过程，它正在为传统内容资源与高阶传播渠道的融合打开口子。内容产品的数字化将帮助传统媒体获得进入互联网生态系统的"入口"，从而也为移动互联网时代的媒体融合提供了最基本的舞台。要顺应消费者向移动端迁徙的基本趋势，以书刊、视频、声频等传统内容形态的数字化为手段，逐步融入互联网经济生态，实现价值放大。

以产品线延伸为主攻方向，拓展企业价值链。移动互联网技术使传媒企业有条件由内容产品生产商向衍生产品及服务提供商转变，实现一次投入，多次产出，不断向价值链的高端演进。此外，值得注意的是，出版、报刊、电影、电视等传统媒体在与新兴媒体的融合过程中只能立足于内容资源，找准主业与新技术融合的最佳切入点，以产品为依托，通过 IP 经营等方式，延展专业化服务，形成单一内容、单一产品派生多种创意、多种产品服务形态的良性循环，而不能全盘放弃内容生产这一核心竞争力，陷入与专业技术提供商之间漫无目的的又毫无胜算的盲目竞争当中。

（二）企业内部投融资机制的创新

加速向文化产业战略投资者身份转变。对于传媒企业而言，成为战略投资者意味着从传统产业经营者蜕变为新兴业态的参与者和孵化者，并成为高阶媒体时代新产业生态系统中的利益攸关方乃至模式建构者。因此，应充分利用文化产业政策红利期，加速向战略投资者身份转变，通过积极开展并购重组，利用资本市场开展全产业链布局，实现由内容生产向内容运营的转变。

加速探索新型投融资模式。传媒企业可广泛利用项目制、员工持股、"黄金股"等全新的管理及业务运作模式，激发广大职工的创新性和主动性。尤其是针对我国传媒领域国有企业较为集中的特点，应在国有资产安全性和资本运营灵活性之间找到平衡点，充分利用民间资本开展经营。特别是应紧抓混合所有制改革试点的有利时机，深化国有、非国有资本合作，实现优势互补，提高项目经营质量和效益。

（三）企业管理制度的适应性调整

调整考核模式，采取差异化的企业绩效考核指标。在设计企业考核体系时，一方面应给予新业务板块一定的市场培育期，而非强求其与传统业务板块一样，实现立竿见影的增效增收，另一方面还应充分考虑新业态与传统业态之间的特征差异，制定相对应的考核指标体系，杜绝"一杆尺量到底"的粗放考核模式。

优化"产-研"互促模式，重视研究部门地位和作用。首先，在激烈的市场竞争环境下，传媒企业应重视战略规划部门，充分整合管理机制、行业动态、经营策略、产业发展等方面的研究和分析环节，不断充实相关力量，确保企业重要战略的有机性和协调性；其次，面对新技术的广泛运用，应着眼于消化核心技术，整合企业各模块研发人员，积极利用高校、研究所等社会力量，保证新技术"消化-吸收-再创新"链条的通畅。

适时开展文化国有企业混合所有制改革试点，激发市场主体活力。一是实施生产经营单元的公司化改革，以解决国有资产安全与决策时效性之间的矛盾。将事业部、项目组、班组等传统媒体中层级较低但肩负实际业务运作的一线生产单元等单位改制为子公司，鼓励员工入股，形成正向激励，激发经营主体活力，逐步适应互联网时代商业文化，提高决策运营效率；二是鼓励传统媒体企业在新并购的新媒体分（子）公司试行股权激励，以锁定核心技术团队和业务骨干，釜底抽薪地化解对赌期过后可能出现的业绩下滑风险，同时实现对新媒体团队的整合，使新技术基因真正植入企业机体。

（四）多阶段、全方位的人才队伍

保障人才队伍建设是企业经营管理的重要一环，企业战略制定和实施的各个环节都离不开专业化人才队伍的保障，特别是在媒体融合时代，传媒企业在发展的每一个阶段都需要各类人才的参与。有鉴于此，传媒企业应从以下方面入手为未来竞争储备人才。

广泛延揽科技人才，保持技术领域的前瞻性和预测力。作为传媒企业的短板，专业领域的科技人才应当按照需要尽量予以大力配置。一方面，面对一系列新兴技术对传统媒体产业的冲击，无论是内容的跨媒介跃迁，还是以此为基础的产品线延展，都需要一支专业化的科技人才队伍加以支撑。为此，应大力延揽专业科技人才，借此获得业务支撑和技术前瞻性，便于预测技术市场发展动向，实现最佳的业态布局；另一方面，应当敢于打破新世纪以来我国逐渐形成的以学历文凭作为应聘前置条件的错误认识，不拘一格吸纳人才。除管理岗位应当配置研究生、本科生之外，数字内容编辑等岗位可以配置在校期间以实操为主要培养模式的高职和技校毕业生，最终形成学历结构梯队化、学缘结构合理化的人才队伍。

精心选拔经营管理人才，培养复合型人才。经营管理岗位作为传媒企业重要的决策中枢，人才的选拔又有不同于技术实操岗位的要求。一方面，并购重组的大规模开展，需要大量精通经济、金融、法务的人才。特别是在我国当下金融行业话语较为强势的时代，不同业态间的话语体系融合离不开大批既了解传媒娱乐产业，又了解资本运作方式的复合型人才加盟。因此，应将此类人才配置在关键的决策中枢，促进传媒企业做大做强；另一方面，并购的完成意味着内部融合的正式开始，后续的经营过程更需要复合型人才的深度参与。

中国传媒企业的发展，在互联网的带动下发生了变化，由于媒体融合的趋势逐渐强烈，考虑到历史的发展特点，利用互联网和新型媒体的冲击进行融合，共同展示出来，根据科学的指导来提升传媒企业的经营管理模式，将新媒体形式巧妙的融合，提升传媒技术的应用，才能更加扩大传媒企业的发展空间，抓住时代的机会。

第八节　基于项目推动的知识型企业经营管理模式

知识型企业通过对新式技术和知识的有效利用，生产含有高附带价值的产品，该类型企业掌握大量隐性资产，以知识服务为工具，偏重于以与时代接轨的服务业、咨询业和高新技术发展业为主体经营领域。笔者立足于近百年来商业内部环境发展变化，并结合对知识型企业发展过程和竞争优势的论述，给出了以项目推进为基础的知识型企业的科学经营管理模式：项目化管理和项目战略性管理。

知识型企业不仅可以提高社会生产值总量，还能为待就业群体提供就业岗位，是承载着时代性知识更新和社会发展进步任务的主流企业。当今时代中，以项目推动为基础的知识型企业在灵活的商业环境中遭遇了很大的挑战。企业沿用多年的项目管理模式在全新的商业环境中日显陈旧滞后，难以满足社会对企业服务、产品质量、生产效率等企业经营要素的要求。为了降低此类企业的管理难度，并保证企业高速度发展，对知识型企业的经营管理模式进行整体规划探究，已是此类企业关注的主要课题。

一、一个世纪以来商业环境的巨大变化

（一）从 20 世纪早期到 20 世纪中叶

20世纪初期，商业理念处于萌芽阶段，现代商业团体也处于早期发展阶段。在这一时期，投入商业发展的人员规模小，市场实际需求不明确，这就导致了商业发展领域和产品种类全部由生产者决定，消费者对商业环境的影响是有限的。

这一阶段中，由于生产者的数量有限，生产技术的落后和生产资料的缺乏等因素制约，导致生产种类十分单一。因此大部分企业对单一种类的产品进行大规模量化生产，这种经营模式十分死板，有时不能满足市场要求。

（二）从 20 世纪中叶到 20 世纪七十年代后期

从 20 世纪中叶开始，商业市场规模逐渐增加。到了 20 世纪 70 年代后期，市场供求关系已基本成型。生产者与消费者被置于一个平等的平台之上，共同主导着商业环境的演变。

在这一时期中，由于市场需求的多样化特点，企业经营管理模式也被要求做出相应的调整。20 世纪早期的批量生产模式已不能适应市场需求，企业生产模式向多种类产品和小数量生产方式过渡，以便适应市场的柔性需求，并随时对生产领域和产品种类进行调整。

（三）从 21 世纪发展至今

全新的商业环境对企业提出了更为精准的战略目标要求，企业要实现组织扁平系统化，从而提高生产效率，并降低生产成本；建立企业学习性组织结构，实现科学合理化的企业决策；领导者合理授权，在企业经营中讲求人性化民主管理，以降低企业人才流失风险；企业通过运作组织虚拟化，建立具有灵活多变性质的企业内部组织，使各部门深化合作，实现资源合理配置、利益共同享受、风险协同担当，增加企业整体凝聚力。基于项目推进的知识型企业如果能把控外部商业环境的实际变化，并随之转变自身经营管理模式，定会使企业焕发巨大的活力。

二、基于项目推进的知识型企业的具体特点

（一）着眼于高新技术行业

基于项目推动的知识型企业的发展行业与传统企业有很大的不同之处。知识型企业往往以创新性领域和创造性项目为根基，具体发展领域有信息技术业、生物技术开发业、现代农业和现代服务咨询业等行业。

（二）具有很强的创新能力

在商业环境变化影响下，社会与市场对基于项目推动的知识型企业的产品和服务需求日益多样化。现代知识信息日新月异，因此知识型企业只有不断推陈出新，不断开拓思路，并创造发展新的产品或新式服务，才能更好地适应社会需求。创新能力是以项目推动为基础的知识型企业发展的原动力，不断地发展创新，可以在企业中形成独有的企业创新文化，从而带动更多企业进步，并推动相关产业的整体发展。

（三）知识统筹能力强

从创新能力层面考虑，知识体系的不断更新与知识技术的有效利用，是基于项目推动的知识型企业不断发展进步的根本。信息时代中，知识体系不断丰富，企业通过对员工开展时效性知识学习培训，将个人知识资产转化为企业资本，凝结在具体的企业项目之上，逐渐创造并积累企业的隐性资产。优秀的知识统筹管理能力，能够降低由于企业人才流动所造成的经营风险，并促进企业创新力的维持。

（四）项目规划能力强

以项目推动为基础的知识型企业，其发展扩大企业规模的实际手段就是优秀项目的实施。项目制定方案的科学合理、项目包含的知识服务信息准确时效性，还有最重要的项目规划管理能力，共同决定着企业发展的前景。此种企业经过细致调查，结合企业自身特点，

开展与企业发展战略密切相连的企业项目，试图使项目实施效果维持在较高水平之上。

（五）业务拓展速度快

时代信息化进程的快速发展，帮助以项目推动为基础的知识型企业迅速了解商业信息，及相关市场行情。这类企业对市场方向的前瞻性预测要求很高，通过建设全面专业的业务网络，知识型企业可以加快业务拓展范围的速度，凭借逐步规模化的创新项目推进企业的高速成长。

（六）企业文化发挥核心作用

基于项目推进的知识型企业的发展资本就是其与时俱进的高水平知识团队，在这个团体中，每一名员工都应具有创新性、自主性和灵活处理性等特点。企业员工荣辱与共，积极进取，通过有效的沟通协作，提升公司的服务质量和文化产品质量。企业文化可以增加企业的内部凝聚力，使企业在面对挑战和困难时都能安然度过。

三、以项目推动为基础的知识型企业发展时期区分

（一）初始创业期

创业者凭借自身创造性无所畏惧的精神创建企业雏形。该阶段企业以研发为重点，重视市场需求，营销和开发是其主体经营管理理念。

（二）集体化时期

这一阶段的企业各部门基本完备，各部门分工明确，荣辱与共，共同为企业的发展努力，管理层向员工下达指令，员工按决策层的命令严格执行。此种经营模式注重计划和控制的双向协同。

（三）规范化时期

在员工任务明确分配的基础上，建立一个企业内部准则规范，将企业生产面向的区域市场逐渐向主流市场过渡，加快企业的成长速度。该阶段知识型企业的主体经营管理理念是发散和控制。

（四）精细化时期

企业初具规模后，需要凭借更规范、更有层次的管理体系进行管理，可以借助新时代高新信息技术建立管理系统。这一时期，企业的生产价值链不断伸展，通过标准科学的运作方式深入发掘企业组织和企业员工潜能，以提高各部门生产效率。这一阶段的经营理念是"协调与标准并行"。

（五）战略计划创新时期

基于项目推进的知识型企业发展至此阶段时，企业规模较大，组织健全完整，生产流程也趋于平稳固定，迫切需要创新思想理念的注入。通过多部门紧密合作，在市场竞争危机意识下开展工作，在企业项目设计中融入时效性信息和创新思维，始终保持企业经营模式的先进合理。

四、以项目推进为基础的知识型企业独有的竞争优势

从上面提到的基于项目推动的知识型企业发展分期来看，各阶段企业都要发掘具有企业特色的核心竞争力。知识型企业，立足于企业项目推进，就要利用大量成功案例的积累和项目的开展经验等等核心竞争力，作为拓展业务范围的有力武器，在市场中占据一席之地。

跨国公司的成功经营经验证明，企业战略、流程、组织、计算方法、员工激励、网络技术、文化理念是其成功的七大要诀，而文化理念恰处于其核心地位。文化理念作为企业运作发展过程中产生的具有企业自身特色的价值观念，可以提高企业的学习借鉴能力，并拓展企业的可持续发展前景。基于项目推进的知识型企业凭借不断开展进行创新性企业项目，来加快企业发展速度，所以这类企业的项目的把控和实施能力就是企业的核心竞争力。

在这一方面，某知识型企业就借助企业自身优势，通过充分发挥企业核心竞争力，加快了所开展业务的拓展速度。该企业主营移动互联网服务咨询行业，以往有过开展移动互联网信息服务方向的咨询平台的相关经验，并取得了一定的成功。该企业在近年了解到移动终端 4G 网络即将普及应用的信息，企业领导层通过集中商讨，制定了创建名为 "4G 网络相关信息咨询平台" 的大型企业项目，该知识型企业与中国移动公司接洽，得到了辅助普及 4G 网络知识的合法授权。企业技术人员对移动 4G 网络的创建方法、服务原理和资费收取等全方位信息进行了咨询研究，并制作了完整系统的汇总报告。移动 4G 网络初步投入使用阶段，该企业即完成了 "4G 网络相关信息资讯平台" 的创建，满足了广大网民了解 4G 网络信息的要求，提高了企业的知名度，也加快了企业的业务拓展速度。

五、以项目推进为基础的知识企业经营管理模式发展变化

（一）传统管理方式——项目管理

在这一时期，企业经营者主要着眼于技术研发和市场范围的拓宽。他们通常认为项目管理就是在市场需求、项目成本、时间限制和产品质量等要素的制约下完成计划规定的任务，而没有充分掌握发挥项目管理者 "管理" 二字的精髓，只是被动地跟随项目实施而完成既定的流程。企业在该阶段不了解项目管理对企业发展的促进作用，项目下属具体部门

也不配置管理人才。以上种种弊端在知识型企业的创业期和集体化时期较为常见。没有专门负责项目选择、项目风险评估的团队进行调查，极易引起决策者项目选择的错误，并加强项目执行过程中的不稳定性，不利于企业规模的扩大。

（二）现代化管理方式——项目化管理

企业经过一段时间的发展，逐步扩大了自身规模，并提高了知识技术掌握的程度。相应地，企业经营管理的水平也得到了长足的发展。企业渐渐形成具有项目化管理性质的现代企业管理模式，顺应了商业环境发展的规律，也更易满足市场的柔性需求。

以这一管理模式经营企业，主要表现于企业对产品开发、市场销售和技术创新的规划统一，不放过企业项目管理的任何一个细节，将企业管理理念上升到企业经营动作理念。企业项目的实质就是一个解决问题的方法计划，自有其开端与结局，在实际的实施中分为多个子步骤，是一个需要企业各部门、各阶层协同运作的团体性实践项目。由项目化管理理念出发，从以"部门执行命令"为准则转变到以"满足项目要求"为更高要求，打破死板的组织结构，从而实现人员跨部门集智解决问题和各部门资源的优化配置。

（三）未来管理模式发展趋势——项目战略性管理

企业在形成一定规模，并具有固定模式化运转流程之后，就要将发展战略目标作为全新元素，科学融入企业经营管理模式之中。以企业战略发展要求为基本，将战略目标置于正确的发展领域，并细化为项目群体。该阶段企业以企业发展目标为方向，保证了项目制定对口区域的准确性，将企业项目分解成具体步骤。企业建设网络实时监控平台，对项目各步骤按照既定的发展战略标准进行宏观调节，使管理者满意，使设计者的理念得以体现。

和传统性企业相比，以项目推进为基础的知识型企业发展速度较快，但时刻伴随着巨大的风险。所以企业管理者要立足于商业环境，对企业各阶段的顺利过渡转型进行科学规划，深入发掘知识型企业独有的核心竞争力，在市场经济浪潮下摆正方向，才能推动基于项目推动的知识型企业走向成功。

第九节　国有企业经营性资产管理模式

国有企业对我国的经济发展具有极大推动作用，国有企业的经营性资产管理，是顺应时代发展要求、促进国企改革的重要手段，是响应国家政府建设号召的积极表现。国有企业在经营过程中，必须综合考虑各项因素，如市场环境的变化、企业品牌的建设要求、企业文化的氛围需要等，积极进行顺应时代发展、响应政策引导的管理模式的创新。本节对国有企业经营性资产管理模式的建设问题进行讨论。

国有企业是对经济建设存在重大贡献的关键性支柱企业，为了促进国企的经营性改革，提高国企的经济效益，推动相关建设的发展，必须关注管理模式的发展。要从企业的经营历程中总结优秀经验，从时代的发展中吸收先进理念。全面考虑管理队伍水平的问题，市场环境变化的问题，产品竞争力提升的问题，企业的文化氛围影响问题等建立起行之有效的管理模式，从而推动国有企业经营管理有效性的实现。

一、国有企业经营性资产管理及其存在问题

国有企业的经营性资产管理，是指在经营的全程中对投资、经营与收益的全面化管理，包括生产过程中的组织与协调、指挥与调控、监督与管理等。国有企业进行经营性资产管理的目的，是实现资产的保值甚至是增值，从而为国家的经济建设社会发展提供强有力的保障。

当前，国有企业的经营性资产管理中，存在着许多问题。首先，相关管理的方式已经不能满足当前管理的效率需求，影响着国企的管理效果。其次，国企的管理制度没有进行更新，不能适应时代的潮流，影响工作的效果。再者，国企经营管理的部门相对数目较多，各部门之间的交流和沟通有所欠缺，导致管理时存在分散、冲突等问题，以及，相关资产的管理工作中权利和责任划分不明确，各部门互相推卸责任，影响管理效果。

二、经营性资产管理模式的建设前提

国企进行制度的强化。国企要进行发展性的制度建设，依据时代的发展变化需要、企业的经营管理需求等进行全面化、完善化的制度建设。首先，要明确企业各部门的职能和义务；其次，加强对腐败现象的检查与管理制度建设；再者，要积极推动市场对国企经营的调节作用，使国企的建设发展走出舒适区，在竞争中提升自我。

明确企业的管理目标。明确管理目标，是实现企业管理建设效率和水平提升的重要方式。企业的管理者必须将企业盈利这一目的放在管理建设的重点位置，从而为企业的结构调整、经营方式转变等进行指导，实现企业管理计划的明确性与细致性，促进企业的资产增值实现。

三、国有企业经营性资产管理可行性模式分析

市场化管理模式。不管是什么企业，生产的产品以及经营活动的进行，最终都是要走向市场的，因此必须重视市场对管理的强化分析作用。市场化管理模式建立的原理，就是利用了市场对经济发展的调控作用。在对该管理模式进行建立与完善时，必须以市场的需求为标准，以市场的接受为目的。首先该模式的实施可以通过对市场的整体把握基础上，对企业经营的项目与业务进行详细化的分类，对不同类型的业务进行针对化的有效管理。

其次，可以发挥市场对人才的筛查功能，促进国有企业对优秀人才的选拔，以及对低水平员工的筛除，进而促进国企良好人才管理的实现。

互联网管理模式。信息化网络化是当前时代发展的潮流，是推动社会进步的重要动力。因此，企业要建立起良好的管理模式，而以互联网为依托是一个有效的方式。实现良好互联网管理模式的监理，最重要的工作就是利用数字化信息技术，利用大数据管理手段，建立起国有企业的联网管理平台，促进实时性企业管理的实现。在进行这一模式的建设时，需要开展的工作有以下几点。首先，要建立起模块化、专题化的国企网站，积极促进人员管理与业绩考核等事项处理的联网化、数据化。其次，要注重网站的设计优化，给使用平台的员工，以及对国企进行了解的人民大众，提供一个流畅且舒适的网站使用体验。设计美观大方的网站界面，设置清晰简洁的模块栏目，并加强索引的建设，促进使用网站的人员，能够迅速找到自己所需求的内容。

文化型管理模式。文化建设是国有企业的软实力建设，是从思想层面促进良好经营性资产管理实现的有效手段。当前文化在促进社会经济等方面的发展上，发挥着越来越重要的作用，回顾国有企业的经营，拥有良好文化氛围的国企显然不管是在人才的黏性联系方面，还是在经济的稳定发展方面，都具有比较明显的成效优势。因此，当前的国有企业在促进经营性资产管理更好实现时，对文化型管理模式的运用就显得尤为重要。在运用该模式时，重点内容主要有两方面。一方面，要注重对企业品牌形象的树立，当一个企业的品牌形成了良好的口碑和社会形象，就会使员工在工作时充满对企业的自豪感，为自己能为这样的公司添薪助力而感到骄傲。另一方面，企业文化氛围的营造，也是管理的一个重要手段。和谐的氛围会促进员工间的交流与互助；激励的氛围会激发员工的工作斗志，从而有利于效率的提升。

国有企业管理模式的建立和完善，关系着企业在市场中是否具备竞争能力，国企是否能够顺应时代发展的重要性建设。随着社会形势的变化，市场竞争的强化，国有企业在经营管理中，要想得到长远而稳定的发展，就必须积极探索科学的新型的管理手段，建立起如互联网管理模式、文化型管理模式、市场型管理模式等，焕发国企的活力，为我国的发展提供持续的支持。

第十节　企业经营成本目标下财务内控
管理模式

在市场经济的强大推动下，基于企业经营成本目标，构建财务内控管理模式变得尤为重要和关键，已经达成了一种思想共识。加强财务内控管理模式的构建，可以有效提升企业内部资金供给的能力和水平，推动企业经营成本目标的实现，维护企业资产的安全性与稳定性，确保企业的长效发展。本节主要以企业经营成本目标下财务内控管理模式的构建为论点，并提出几点针对性的建议，旨在为研究人士提供一些理论性依据。

目前，基于企业经营成本目标，构建财务内控管理模式是企业各项管理工作的重中之重，在企业发展中占据着极其重要的地位。企业在进行内部控制工作中，必须要积极构建财务内控管理模式，并与企业经营成本目标相联系，使企业能够更好地防范和规避风险，为企业创造广泛的发展空间。

一、企业财务内控与成本控制融合切入点分析

与固定资产采购项目的论证相融合。企业要想有效改善企业资金情况，财务部门在实施财务内控时，必须要在固定资产采购项目的论证中融入高度的热情，不能将其作为执行层来给予资金预算和拨付。所以在财务内控中，要正确处理和选择资产采购和租赁等方面的问题。

与员工明确成本管控责任相融合。团队作业主要包括项目制和班组制等两个方面，是企业重要的工作模式之一。然而在团队作业模式的应用下，极容易出现信息不对称现象。在可变成本控制过程中，成本控制的刚性力度严重缺失。因此，对于财务内控的融合点，进一步明确了员工成本管理与控制的责任。

二、企业经营成本目标下财务内控管理模式构建中存在的不足之处

财务账目比较混乱，采购人员管理比较松散。

企业之间的合作交流机会越来越多，往来账目的数量也在普遍增多，一些很难妥善处理好复杂烦琐的项目，甚至将利润和亏损模糊计算在账目中，难以有效辨别和处理，影响着财务工作的真实性，存在着极大的安全隐患。

采购物资和生产资料等是一项重要的工作，企业必须要严格管控采购物资途径、采购成本高低。在这个过程中，采购途径比较多样化，极容易滋生不良采购行为。在采购过程较为松散的情况下，采购成本上下浮动现象经常发生，也难以做到账账相符，一定程度上增加了企业生产和经营成本，不利于企业经济效益的提升。

缺少较为完善的财务内控体系。现阶段，在一些企业的财务内控管理中，内部控制体系较不完善，限制着财务内控工作的进行，而且在财务内控管理中，相关管理方法比较落后，难以实现事前审核、事中规范以及事后反馈，财务内控管理效果并不理想。

财务内部监管机制严重缺失。现阶段，企业各个部门要共同致力于财务内部控制系统的构建，各个部门之间要做到通力合作。然而，在具体操作过程中，财务内控管理机制较不完善，对财务管理内部控制还存在着一定的心理误区，很难有效发挥出财务管理监管机制的作用。而且监管部门之间的权责关系比较混乱，难以做到相互监督，无法获取最为真实准确的会计信息。

资金利用效率比较低。目前，一些企业的资金利用效率并不高，其原因主要包括：首先，企业资金管理比较分散，管理失控现象屡禁不止。下属的一些子公司没有对企业整体利益进行深入分析，盲目投资，出现了严重的资金周转不灵。其次，一些企业存在着较多的资金闲置，大多数资金没有应用在投资上，资金资源浪费现象比较恶化。

三、企业经营成本目标下财务内控管理模式构建的几点建议

（一）加强信息化建设

基于企业经营成本目标角度，构建信息化系统也是必不可少的一个方面，可以有效进行财务数据信息的收集、整理以及保存工作。利用现代化信息系统，可以大大提升财务内部管理效率。企业还需要培养一大批信息化人才，充分掌握会计电算化专业技能，以免人为因素的失误而影响财务信息的真实性、准确性。

此外，要加强内部信息传递控制，构建完善的数据库系统，做好数据信息的汇总与处理工作，避免诸多风险性因素借此乘虚而入。

在高科技技术的强大推动下，以往传统的人工工作方式难以满足企业财务内控管理工作的发展需求。企业要成立信息技术团队，加强与先进科技企业的交流与沟通。通过构建网络内部控制制度，有效打破了时间和地域方面的限制，避免数据在传输搜集中出现的失误现象，节省人力和物力。因此要将网络贯穿到财务内控管理工作的各个过程中，严格规范工作流程。

此外，财务部门与企业其他部门要做到通力合作，保持高度的协作与配合，合理划分资金管理范围，发挥出财务部门的职能，对起始数据、流通环节以及最终数据等实施全方位、多角度领域地审核，促进财务工作的高效运转。

（二）制定完善的财务内控制度

构建岗位责任制。要合理划分各个部门之间的权责范围，明确权责关系，严格遵守国家相关法律法规，出纳人员不能同时兼任审核，不同职位的人员要做好明细账和总账所对应的登记工作。

构建财产清查制度。企业要对财产物资定期进行清查工作，盘点物资实际数量，对库存现金要进行及时清点，做到账实相符，增强会计信息的真实性。

构建财务检查分析制度。企业要积极展开财务和管理检查工作，对于不严格遵守规章制度的人员要进行一定的处罚，对于财务部门内部出现的问题，要进行深入分析，及时提出相应的解决方案，推动财务内控工作的高效运转。

（三）完善审计监管体系

企业要制定完善的审计监管体系，做好审计管理工作，提升企业财务内控管理水平，

避免财务风险的发生。重新聘请更为强化的财务中介和内部审计机构，将内部监督工作外包给外部不相关的人员，不予个人利益发生任何冲突，防止徇私舞弊、贪污受贿行为的出现。

（四）提高资金利用效率

企业资金是企业发展的重要源泉，也是财务控制的关键要点。要想有效提升资金利用效率，必须要有效管理资金，发挥出企业财务部门的职能和作用。构建资金管理机制，有针对性地进行资金管理。加强先进科学技术的应用，不断提升资金调拨效率。企业要想获取最为真实准确地财务信息，必须要做好应收账款的催缴管理工作，及时将预计支出的资金记录下来，按照预算进行执行，对大额资金的流向进行严格监督，掌握资金使用的具体情况，这对于提升资金利用效率也是极为有利的。

（五）加大全面预算管理执行力度

在强化财务内控职能时，要加强全面预算管理工作的执行力度。比如在固定资产采购项目论证中，财务部门要结合投资回报率、沉淀成本以及机会成本等，制定出配套可行的可行性分析报告，确保企业管理者决策的准确无误，进而做好全面预算管理工作。

（六）提升财务人员的综合素养

提高财务人员的专业水平与综合素养，可以为财务内控管理工作注入强大的生命力，对企业财务人员开展一系列的业务培训与指导工作，可以通过专家讲座、课程学习以及进修深造等形式。在人事管理方面，要适度提升招聘门槛，招聘时要统一进行考核与评估，在通过相应的考核以后，再安排正式上岗就职，加强专业人才的培养建设，构建出一批高精尖的财务团队。

综上所述，根据企业经营成本目标，构建财务内控管理模式是非常有必要的，促进企业生产经营活动的正常进行，实现企业内部控制与财务管理的无缝对接，使二者成为协调统一的有机整体。因此，企业要制定完善的财务内控制度，加强信息化建设，不断提升企业资金使用效率。实施完善的监督管理机制，创建良好的企业工作氛围，最大限度地发挥出财务内控管理模式的应用价值，实现企业可持续发展的建设目标。

第三章 企业经营管理创新研究

第一节 知识经济时代的企业经营与管理

新世纪的经济发展正逐步朝向知识经济时代迈进，知识经济不但在一定程度上影响着人们的生产以及生活方式，同时也给企业经营与管理带来了一定影响。此种经济背景下，我国企业怎样转化与调节自身经营和管理模式逐渐成为新的热门话题。基于此，本节首先阐述了知识经济时代中企业的经营和管理面对的主要挑战，论述了知识经济时代的企业经营及管理策略，以供参考。

在知识经济时代，企业会面对众多挑战，企业需要针对这些问题，采取相应的经营和管理策略，这是亟待解决的问题。

一、知识经济时代中企业的经营和管理面对的主要挑战

20世纪后半叶，科学技术高速发展，七十年代后，很多新型技术得到快速发展。九十年代后，经济增长，科学技术的贡献显然已经超出普通劳动力和资本，知识的生产与运用逐渐成为经济增长的主要驱动力。在众多产业中，电子、计算机等高科技产业渐渐成为经济上涨最快的产业。过去数年中，OECD重要成员国的高科技产业占据制造业中的比例以及出口份额上涨了将近一倍。信息、通信等知识密集型产业的发展空间十分宽广。据相关数据表明，这一组织重要成员国的国内生产总值中几乎一半之上都是与知识相关产业做出的贡献。美国发声表明，生产率增长中，知识与技术的作用占据了80%之多，一些经济较为发达的国家将知识看作是相比人力资源、资本等更加重要的经济要素，同时表明技术革新以及由此引起的经济变革是重新塑造世界经济的中坚力量。OECD曾在经济报告中认定这种现象为以信息与知识为基础生产、分配的经济模式。

新的世纪中，世界也一同步入知识经济时代，在这一时代中，各个国家间的差距不但会在贫穷和富裕上有所体现，更加体现在对知识反应的快慢、灵活与否方面的差别，体现在商品技术的高低以及知识含量之间的差别。最近几年，知识的运用渐渐变为发达国家经济上涨的重要驱动力，知识已经将那些把物质财富上涨为重要目标的工业带来的经济，提

升到用知识价值作为资本积累以及经济上涨的重要途径，经济的发展正在由工业经济转变为知识经济，但是国内大多数企业都处在工业化进程实现的过程中，企业发展中，一定要采用全新的发展策略及思想，将知识的开发运用当作企业经营中的重要工作对象，由实物产品的经营逐渐转化为知识产品的经营，由产品的经营转化为资本的经营，由经营有形产品变为无形产品。企业发展管理中，需要打破以往的管理方式，逐步转向智能型、规模型企业。在今后的社会发展中，企业获取了知识经济，在发展中才会更加具有主动权，因此国内企业需要主动变化自身经营模式，创新管理方式，攻克知识经济时代中企业发展所需要面对的困难。

二、知识经济时代的企业经营及管理策略

（一）建构企业技术创新中心，促进企业实现技术创新

努力研发高新技术产品。针对企业而言，要想在发展中占据一定市场份额，尤其是那些主要市场在海外，需要同国外先进商品进行竞争的企业，开发高新技术产品是十分必要的。企业应该将工作重心放在新能源技术、新材料科学、生命科学等高新技术的研发上，让这些高新技术成为企业发展的主要推动力，以新技术助力企业的良好发展。

重视企业技术创新。对于一个企业的发展而言，技术创新在其中具有十分重要的作用。企业没有在技术上进行创新，就不会生产出新的产品，市场中也不会占有相应份额，技术创新是企业发展的关键所在。因此，国内企业需要抓准时机，做好技术创新工作，提升科学技术水平，力争创造出高出以往产业数倍的劳动生产率，这对我国企业的发展具有十分重要的意义，同时也是我国企业需要采取的主要发展策略。

（二）面向世界，创建合作、开放的联盟组织

国际战略联盟指的是两个国家之上的跨国企业，制定相同的战略方针，创建互为补充、一同开发、同担风险的合作联盟关系。其重点展现在一些高新技术、新型工艺和产品的研发、运用以及市场拓展方面的合作，以构成较为复杂的企业网络，相互持股、合资的一种关系，促进企业走向国际化。

（三）注重人力资源的开发与利用

知识经济时代中，创新同样重要，它不但与物质资本、资源的占有密切相关，也与智力资源密不可分，而人才是智力资源的重要载体。在如今日趋激烈的市场竞争中，企业只有拥有大量素质较高，且具备一定专业水平的人才能够在竞争中占据有利条件。基于此，知识经济时代中，企业要想实现自身的良好发展，就要顺应时代的发展要求，加强人力资源方面的认识，大力吸收人才，全方位推行"人才开发工程"，构筑一套完善的吸纳人才、培育人才管理体制，让人才这一珍贵财富在企业发展中发挥其真正作用。

总而言之，知识经济时代中，企业会面临众多挑战。要想实现对其的有效应对，就要从重视技术创新、创建合作联盟组织以及人力资源的开发与利用几个方面着手，以更好地适应知识经济时代，推动企业的良好发展。

第二节　企业经营管理中的法律风险防范

法律风险作为企业经营管理所涉及风险中的一项，它对于企业的影响不容小觑，企业要推进自身稳步发展，必须做好法律风险防范体系的建设。本节对企业法律风险概念及防范意义进行了阐述，并基于对企业法律风险成因和相关问题的分析，提出强化企业法律风险防范工作的措施建议，帮助企业更高效地开展法律风险管理工作，实现企业稳健发展。

身处复杂多变的市场环境，企业经营管理面临着多方面因素，所面临的风险也是多种多样，其中法律风险是不可避免的一种。随着我国不断完善的法制建设，企业对于法律风险的重视和关注度也在不断增加。但是企业经营管理中引发法律风险的因素有很多，法律风险的防范工作依然不能忽视，要通过有效管理避免其对企业经营产生无法化解的严重后果。

一、企业法律风险概述

法律风险是指企业在生产经营过程中，以法律规定、监管要求和合同约定为基础，因违反法律规定行为的发生，或是因某些外部因素的变化以及相关利益主体的作为或不作为，而给企业带来的法律风险，对企业经营造成影响。

企业对于法律风险的防范，最终目标就是减少企业因违法或被违法而产生的损失或负面影响，实现企业良好发展，实现经营目标。而企业法律风险防范工作也必须遵循一定的原则，才能确保工作开展符合企业诉求。企业法律风险防范工作必须要以企业战略目标为指导，从经营管理全面和细节出发，本着审慎的原则开展管理工作，将其作为企业全面风险管理体系的一部分。这样可以使得企业有效减少法律风险对经营管理的不好影响。

企业法律风险可能产生于经营管理中的各个方面和环节，企业面临的法律风险主要体现在以下方面。

一是，合同法律风险。企业在经营过程中不可避免地要作为甲方、乙方或第三方签订各类合同，这是企业经营管理开展的重要环节，可见合同相关法律风险是企业无法避免的，只要企业还在生产经营，就无法逃离。在实际经营过程中，企业的合同法律风险一般有合同条款约定不明确、合同履行不按规定、合同印章管理使用随意等，任何一个风险点都有可能导致企业陷入经济纠纷、诉讼风险，最后给企业招致经济损失。

二是，知识产权风险。随着社会经济创新发展，各个企业对于知识产权的关注度也不断提高，若不注重对自身知识产权的保护和对别人知识产权的尊重，就有可能陷入法律纠纷。近些年有关知识产权类案件数量快速增长，也侧面印证了各类企业对于它的重视程度。因此，企业必须合法使用知识产权，避免因侵权而带来法律风险，也需要做好自身产权保护，避免利益受损。

三是，人力关系法律风险。人是企业经营管理的关键，人员管理更是件复杂的工作，可能涉及法律风险。企业在人员管理中涉及多个环节，从招聘、在职到解除劳动关系，有些环节国家有明确的法律规定，涉及多个风险点，尤其是在人员劳动关系管理和社保统筹上。若是某个环节处理不当或是不按照法律规定开展，就很可能面临诉讼纠纷或是被处罚的风险，这也是企业经营管理中不可忽视的一种法律风险。

四是，诉讼法律风险。企业经营管理中必然会面对各种诉讼纠纷，包括内部的和外部的，外部的诉讼纠纷一般是由合同风险引起的，而内部的诉讼法律风险一般和企业的治理结构相关，可能涉及企业员工窃取商业机密、侵害企业利益等违法行为而引起的诉讼纠纷。

五是，并购法律风险。现在在市场上企业间的并购行为愈发频繁，企业并购工作程序烦琐，众多环节中任何一个环节操作不规范均有可能引发风险。而且在并购过程中，企业还需要重视被并购企业可能带来的风险，如对手企业隐藏真实经营情况、合同管理风险等。

二、企业经营管理中法律风险的成因及问题

企业在经营管理中法律风险的发生，有众多因素影响，既有外部因素，也有内部因素。企业只有深刻认识法律风险的成因，发现企业在法律风险管理中的不足，才能有的放矢地开展法律风险防范工作。

对国家法律法规政策掌握不清晰，法律知识不足。政府对各行各业均有相关法律规定，对于社会公共问题也有法律政策，而且政策会随着社会经济的发展而进行调整，如果一个企业对于国家法律法规了解不清晰，工作中就难免发生违法行为，或者是明知法律规定，却做出违法的事情。主观上缺乏对于法律的认知，会给企业法律风险提供滋生的土壤，这是导致企业法律风险的重要因素。

企业内部法律风险防范机制不健全。执行有效的风险防范机制可以大大减少法律风险发生的可能性，而很多企业在内部控制中对于法律风险相关防范机制的建设还有待加强和完善。很多企业由于内部管理结构权责利不明确，对于内部控制管理也没有强有力的监督，加之对法律知识了解浅显，使得对于法律风险的防范建设没有紧跟环境变化。这就使得企业因没有对法律风险的严格控制而招致损失。例如，对合同审查把关不严签订不合理条款，对印章使用监控不够造成被盗用等，均是由于内部风险防范机制存在漏洞而引发的风险。

企业对于法律管理投入较少。对于法律风险的管理并不是在事件发生时聘请律师帮忙解决诉讼或相关法律问题就足够了，而是需要防患于未然，这需要企业投入一定的人力、

物力和财力来完善对于法律工作的管理。然而实际情况是很多企业在经营管理中，并没有意识到法律工作的事前防范作用，对于法律管理工作投入较少，只是象征性地聘请了法律顾问，企业内部没有专职的法务，而聘请的法律顾问因企业经营与他无关，对于风险防范工作起不到太大作用，无法为企业切实解决方方面面的法律问题。

国际市场引发的法律风险。我国经济开放程度的不断扩大，国际经济地位的不断提升，给我国企业走向国际市场创造了更广阔的前景。而参与国际市场对于企业风险管理也是一种挑战，因为每个国家法律体系不同，市场秩序也不同，在国外经营需要遵守所在国的规定。如果企业忽略了此方面的差异，还是完全按照在国内经营的方式容易导致法律风险的发生，形成国际纠纷，给企业打开国际市场以及国内的生产经营都会带来影响。

三、企业经营管理中有效防范法律风险的措施

加强对法律政策的学习和重视，树立全员法律意识。要做好对法律风险的防范和管理工作，前提条件是企业对于法律风险有足够且正确的认识，才能更好地推动法律风险管理。

一是，企业管理层及相关人员应该不断充实法律专业知识。通过对法律知识的了解和学习，可以促使企业管理层在经营决策或管理工作中主动规避可能出现的法律风险，也不会因为对于法律的不了解而致使企业在日常工作中出现违法行为，或给企业带来不必要的法律纠纷。

二是，要在企业上下形成法律风险意识。虽然企业不必每个人都是法律专家，但至少企业每个员工都必须具有法律风险意识，这样才能增强每个员工的工作责任心，让员工在实际工作中可以增强法律意识，以法律为准绳，以降低法律风险为参考，保障各项工作有序进行，避免带来法律纠纷，给企业造成损失。

三是，为企业配备专业的法律顾问或律师团队。除了增强全员法律意识，企业还需要通过专业人士的帮助来有效预防各类法律风险，为企业工作中涉及的法律问题进行把关。

完善企业法律风险防范控制体系与制度。为降低法律风险对企业经营管理的影响，除了要有较高的法律意识之外，还需要通过管理工作来防范法律风险。

一是，完善法律风险有关内部控制制度。企业应全面梳理经营管理中涉及的法律风险点，以此为出发点加强对相关风险点控制的相关制度建设。明确每个风险点的责任部门和责任人，确保每项工作环节法律风险的控制活动可以执行到位，工作有序循环，彼此衔接。

二是，健全企业法律风险防范体系。在完善法律风险相关内部控制制度的基础上，企业还需要加强对防范法律风险体系的规划和建设，一方面建立法律风险监管审查制度，对于企业各项工作中的法律风险予以审查和核准，企业可以结合自身经营特点单独设立相关审批机构，履行职责，防范法律风险的发生；另一方面有针对性制订法律风险防范和化解方案，可以建立案例库，指导企业在出现法律风险时主动应对，以最优的方案和最好的效率化解风险，或是遏制法律风险对企业影响的扩大。

重视并完善企业合同管理工作。对于企业来说合同法律风险是最易发生、最常见且影响较大的法律风险，需要企业给予高度的重视，完善合同管理相关制度。

一是，加强对于企业合同签订前的审核，降低法律风险。由于合同签订是企业经营管理中不可避免的环节，合同也直接决定着企业的权利和义务，任何一个条款都不得掉以轻心。因此对于合同签署环节企业要做好审批核准、把好关，可以由聘请的外部专业法律顾问或是企业专业人员开展工作，以提高合同条款的规范性，最大程度保证企业利益，防范因合同签订或履行而带来法律风险。

二是，细化合同条款的审查和管理方法。企业对于合同法律风险的防范不仅要关注合同签订环节的审查，还需要细化合同具体条款和内容的审查，避免出现表述不明确而引起纠纷的现象。

强化监督机制，防范违反规章制度行为发生。在上述工作开展的基础上，企业还需要发挥治理结构对于法律风险各项管理工作执行情况的监督约束作用。一方面，企业要保证自身治理结构的平衡性和有效性，确保企业各项决策的民主性和效率性。另一方面，企业要根据自身治理结构和经营管理情况，设立独立的监管部门和监督机制，由其来监督企业管理层和其他员工在开展工作时对内部控制制度的执行情况、对相关制度的落实情况，通过监督机制督促管理者和员工切实做好对规章制度的遵守，避免法律风险事件的发生。而且对于影响范围广的企业重大事项，需要有专门的决策审批机构来进行审核批准，进一步增强对风险的控制。

法律风险对于企业经营管理的影响不可否认，有效防控以降低法律风险对企业的影响是项复杂且持久的工作。而引发企业法律风险的因素范围广、数量多，难以罗列，为了防范法律风险对企业的影响，企业需要仔细梳理面临的各类法律风险，并分析它们的成因，自己在防范该类风险中需要改进的不足，通过提高认识，完善风险防控制度体系，严格合同管理等工作的开展，持续强化对法律风险的防控和管理，为企业发展做好防护工作。

第三节 浅谈外部审计与企业经营管理

一般来说，企业运营和管理的过程当中，审计监督可谓其中不可或缺的构成内容之一，其重要性是毋庸置疑的。实际上，根据审计目标关联的差别，审计主要包含了内部和外部审计两类，二者存在不一样的特征，差别明显，同时也具有密切的关联。面对日益激烈的市场竞争形势，企业在经营管理的过程中面临着很大的压力，如何利用外部审计监督、强化内部管控，进而促进企业的不断发展属于一项重要的挑战。本节通过阐释外部审计、经营管理的概念及内涵，分析了当前外部审计工作开展的状况，提出了外部审计和企业经营管理的合理策略，从而有效提升外部审计与企业经营管理工作的总体水平。

社会经济的进步，带给企业更多的发展机会，与此同时，也承受着巨大的生存竞争压力，为了在激烈的市场竞争当中占据有利的地位，企业应该结合当前自身的发展情况，明确自身存在的优势和不足，将审计监督作为切入点。一方面，积极开展内部审计监督工作，构建较为完善的企业监管制度，为适应市场激烈的竞争形势做好准备，降低企业经营管理的风险；另一方面，有效依靠外部审计监督，对企业运营管理行为形成严格地约束，满足相关法律法规的要求，从而增强企业经营管理的效果，提升整体的经营效率，达到既定的发展目标。为此，系统思考和分析外部审计和企业经营管理的有效策略显得尤为必要，拥有一定的研究意义与实践价值。

一、有关概念的解析

外部审计的定义阐释。所谓外部审计，主要针对的为以独立的形式，排除在有关政府部门、企事业单位之外的国家相关审计部门所开展的审计工作。对于外部审计而言，通常涵盖了下述几个方面：国家与社会审计等部分。其中，所谓国家审计，针对的为依靠有关国家审计部门开展的审计工作。在这当中，以审计署及不同省、市、自治区以及县构建的相应审计部门作为主体，科学审计与监管受审企业的相关财务、财经法律法规运用及经济收益等情况。而社会审计，则以注册会计师人员作为主体，主要针对的为依靠通过有关政府部门审核合格的社会当中的中介机构开展相应的审计工作。

经营管理的概念及内涵说明。所谓经营管理，主要针对的为在企业运营的过程当中，以确保生产、采购、运输、营销、劳动力分配以及财务管理等不同业务工作可以顺利开展为目的，科学改进和优化相应的运营管理方案的行为。企业通过开展经营管理工作，不但能够使相关的运营活动可以有序开展，完成对决策，规划、组织协调以及管控等不同环节的任务，而且实现了对员工的有效激励，进而达到了最终的企业管理目标。

对于企业经营管理工作而言，主要的任务内容非常多，涵盖了科学管控相应的生产力，保证供、产、销等不同环节之间的合理衔接；企业当中人力、财力以及物资等不同资源的科学分配与应用；提高企业的生产效率、减少不必要的资源耗费，确保企业所制造产品的质量。

二、当前外部审计工作开展的状况分析

从当前的情况来看，对于很多企业而言，内部组织结构呈现出内部人管控、一股独大等问题，造成有关注册会计师招聘机制显现出一定的不足。企业经营管理人员负责对注册会计师进行任用、续聘等，导致有关会计事务所和企业间存在的审计联系逐步表现出明显的仆从特征，阻碍到外部审计所拥有的独立性特点。现阶段，我国会计师事务所机构以审计与验证服务为主，在全新业务的扩大方面效果并不好，面对异常激烈的市场竞争形势，

相关审计工作者为了谋生，被迫向审计企业妥协。与此同时，有些会计师事务所自身的规模较小，在业务经济收益方面效果不佳，针对大客户的依赖度非常高，易于被相关内部人员进行收买，无法做出公平的审计评价与建议，无法发挥出注册会计师审计工作的独立优势。以当前的发展形势来看，因为有关市场监督管理制度欠缺完善性，致使大多数股东倾向于对股票价格的重视，使得企业的财务状况被严重忽视。从资本市场的角度而言，鉴于流通股的比重是很小的，无法凸显出股东在资本市场当中的应有作用，出现了企业财务造假的现象，所给予的惩处十分轻。实际上，在市场经济当中，注册会计师扮演着经济监督者的角色，却无法发挥出一定的防火墙功效。更有甚者，部分注册会计师会和企业联合进行造假谋取私利。所以，由于外部审计的松懈，导致企业经营管理的行为难以受到有效的约束与监管，无法达到外部审计工作的既定目标，阻碍到企业的可持续生存与发展。

三、外部审计和企业经营管理的有效策略

发挥出外部审计具有的相关政策咨询服务作用。为了推动企业的可持续发展与进步，应该充分发挥出外部审计具有的相关政策咨询服务作用。依靠外部审计工作的有序开展，能够带给企业更加精准、系统的有关政策。尤其在近些年，我国从税收、会计等方面入手，开展了很多的改革工作。由于很多企业对于一些政策方针无法科学把控，借助向外部审计单位咨询的方式，实现了有关政策和实际运用的紧密结合，使有关财经政策得到有效落实，进一步增强企业的财务整体管理能力，并且在有关外部审计部门的监管下，有利于保证企业经营管理工作的顺利开展。企业也可以结合实际经营管理情况，就企业内部控制或某些专项聘请外部审计提供服务，以对企业内部控制有效性进行持续监督，持续改善相关内部控制制度，为更好地开展经营管理工作保驾护航。

做好内部、外部审计之间的交流与沟通工作。企业在经营管理的过程当中，应该做好内部、外部审计之间的交流与沟通工作。具体而言：第一，企业当中的内部审计工作者需要以定期的形式积极和外部审计工作人员进行联系，并实施深入地沟通与交流；第二，具体的沟通内容则涵盖了国际与国内关于审计方法的最新发展情况、审计工作范围、审计工作开展的方式和步骤、发现的审计事项及其改进措施等等。第三，开展企业内部审计和外部审计之间的密切沟通工作，能够尽可能避免出现重复性的工作，并借鉴相关的审计信息资料，使整体的工作效率得以提升，并且科学改进审计工作的方式和流程当中的不足，落实各自的审计职责，进而达到缩减审计工作的时间，使相应的审计费用也降低。第四，利用内、外部审计人员有效交流，有助于外部审计工作人员系统掌握企业运营的相关状况，并与其形成紧密的合作关系，发挥出审计工作的应有作用。

提高监管意识，加大企业内部审计的力度。基于从前的环境当中，很多企业尚未意识到审计工作的职能与责任，对于审计工作予以了严重的忽视，导致审计无法发挥出在企业经营管理当中的良好功效。当不同企业之间的竞争形势变得越来越激烈的时候，部分企业

为了谋求长远的生存与发展，出现了财务造假的现象。所以，有关外部审计机构需要承担起自身的职责，严格监督与检查企业的经营管理行为，对其形成严格地约束作用。与此同时，企业需要提高审计监督意识，加大企业内部审计的力度，结合企业具体的运营管理情况，制定出科学的审计监督策略，明确内部审计监管工作的思路。第一，在深入掌握当前企业运营管理情况的基础上，注重财务状况的核算工作开展，进一步健全企业审计工作的相关机制，帮助企业获取更多的经济利润。第二，营造勤俭、遵纪守法的企业运营环境，并构建独立的审计部门，委派专业的审计工作者科学监管企业财务的收支与运营的情况，一旦发现其中的不足，需要及时反馈并制定出科学的改进措施。

编制并不断完善外部审计有关规定，确保一定的科学性与合理性。为了充分发挥出外部审计对企业经营管理的监督作用，应该编制并不断完善外部审计的有关规定和执业准则，确保一定的科学性与合理性。通过合理颁布相关的外部审计工作规定，明确对企业运营管理情况的审计责任，做到有据可依，并且使得外部审计工作的效率和效果获得提升，完成对企业经营管理行为的有效监督的任务。

从此次论文的阐述和分析当中可以获知，系统分析与思考外部审计与企业经营管理的有效策略显得尤为必要，具有一定的研究意义和实施价值。本节通过阐释外部审计、经营管理的概念及内涵，分析了当前外部审计工作开展的状况，提出了外部审计和企业经营管理的合理策略：发挥出外部审计具有的相关政策咨询服务作用，做好内部、外部审计之间的交流与沟通工作、提高监管意识，同时加大企业内部审计的力度、编制并不断完善外部审计有关规定，确保一定的科学性与合理性。希望此次研究与分析的内容与结果，能够获取有关外部审计与企业经营管理工作人员的关注和重视，并且从中得到相应的启发与帮助，以便增强外部审计和企业经营管理的实际成效，进而达到企业利用外部审计的目标，促进我国企业的可持续发展和进步。

第四节　合规管理在企业经营管理中的价值

合规管理已成为近年来公司治理的新型管理模式，与财务管理、业务管理被并称为企业经营管理的三大支柱。

一、助力企业基业长青的合规管理

现代企业在全球化经济的运营模式下，合规管理在企业经营管理中的价值已逐渐体现出来，不但可以预防和发现潜在的合规风险，而且对于已发现的违规行为或事件，通过实施一系列补救措施，帮助企业避免或降低行政、民事或刑事违法所造成的重大经济损失，这只是合规管理带来的显性价值，而其不可估量的隐性价值则是帮助企业实施透明化和高效率的业务管理，在内部营造良好的合规文化氛围，对外为企业树立起良好的品牌诚信度，使企业在纷繁复杂的大环境中基业长青。

二、显性价值

近年来，我国对于相关法律法规不断进行更新，并对商业贿赂等经济类违法行为加大惩治力度。今年最新执行的《反不正当竞争法》中对于商业贿赂的经营者，不仅没收其违法所得，而且罚款额度也从旧法的最高 20 万元修改为 300 万元；刑事司法领域中 2014 年的葛兰素史克商业贿赂案，罚金高达 30 亿人民币；而中兴通讯违反美国出口管制的案件，仅罚金就已超过 20 亿美金。法律法规的处罚会极大影响到被处罚企业的正常业务，使其面临重大的经济损失，甚至濒临破产。但事实也证明，最终的处罚结果对于拥有有效合规管理体系的企业与没有实施的企业会是完全不同的。正如 ISO 19600 引言中所提及："有效的合规管理体系可作为减轻、甚至豁免行政、刑事或者民事责任的抗辩，而这种抗辩有可能被行政执法机关或司法机关所接受。"

三、隐性成本

有效的合规管理不是被动式管理，而是企业选择的一种自律性管理模式。"做正确的事"是其核心价值观，而有效实施带给企业的是高素质的管理团队、社会认可的信誉度以及良好的合规文化氛围，这些非经济因素推动企业真正、有效地防范和控制风险，避免可能发生的违规行为导致的行政罚款和刑事罚金，形成了不可估量的隐性价值。试想一下，一家惯于通过商业贿赂、财务造假等不当手段短期获得业绩的公司，与一家在有效合规体系管理下健康稳步发展的企业对比。从长期看，后者更会被市场和消费者接受并得到高度信任，企业的根基也会更加牢固。

四、三大模块

不论是显性价值，还是隐性价值，合规管理的价值并非孤立存在，它的实现依赖于有效的合规管理体系，其由三个模块组成：事前预防、事中监督、事后回应，并互为作用，恰到好处地融入业务管理和财务管理流程中去，其工作重点及相应的价值如下。

五、事前预防

事前预防的工作重点是合规的沟通、咨询和培训，"授人以鱼，不如授人以渔"。通过各种有效的沟通，传达合规的价值理念、政策和指引，分享国内外的合规案例，解释合规在具体业务流程中的作用，帮助管理层认知已识别的合规风险，业务决策时能"做正确的事"，通过管理层的行为表率，上行下效，在企业内部营造良好的合规文化氛围，使企业有效预防合规风险的发生。只有全员用"心"合规，才可防患于未然。

六、事中监督

事中监督的工作重点是帮助企业内部的各个部门能够利用合规提供的资源和工具辨别业务的风险级别，主动收集资料判断业务目的是否合情、合理、合法，如市场部选择的活动地点是否是娱乐场所；销售部选用合作伙伴时是否做了尽职调查，特别是其资质和利益冲突审核；人事部招聘高级管理人员时是否做好个人资信的背景调查等等。合规管理正是通过镶嵌在各个业务流程中的提示和审查，汇总所有环节的真实信息，保证其通达到高层，使所有的业务流程公开和透明、保存必要的书面文档，这样才能帮助企业有效控制风险和做出正确的业务决策。

七、事后回应

事后回应的工作重点是对已发现的违规行为进行纠错改正，对不合理的业务流程进行修改优化，对缺失的合规和业务制度进行补漏，对已定性的违规行为人进行处罚。如果合规举报制度使企业能及时知晓并调查其违规行为，对相关人员做出人事惩处，对疏漏的流程进行重新规划，对已发现的重大违法行为能及时和政府部门进行通报或沟通，使企业免遭政府部门的突击检查等等。通过事后回应的起承转合，提升事前预防和事中的效力，使三个模块互为助力，并不断提升合规管理体系的升级，使企业在复杂多变的经济环境中增强竞争力。

反观中兴通信的案例，偌大的企业在同一违规事项中不停地被国外政府处罚和发出禁令，历时时间长，对业务的冲击巨大，并造成了无法挽回的经济损失。可见，中兴通信内部实施的合规管理并非有效。这也给所有的中国企业，特别是想要走出国门实现域外经营的企业又一次地敲响了重视合规管理的警钟。

中国企业在国际舞台上强势崛起，随着国家"一带一路"的倡议，越来越多的中国企业走出国门。同时，要理性认识国内企业的合规管理制度尚处于起步阶段的现状，其表现为对于外部法律法规被动回应的消极状态，对违规和违法行为存有侥幸心理或从众心理，面对决策时喜欢走"捷径"等，这导致国内企业实施的合规管理不到位，在域外经营时受到他国法律制裁的案例屡见不鲜。随着经济全球化的推进和企业国际化程度的不断提高，对于企业经营管理问题的不断深入研究，非经济因素对企业价值的影响已不容忽视，企业自身想要实现健康发展，融入国际经济体，中国企业必须认清合规管理在企业经营中的价值，建立符合国际趋势的合规管理体系。

第五节 会计信息质量对企业经营管理的影响

会计信息质量高低直接决定了企业经营管理效率，所以应分析会计信息质量对企业经营管理的影响，并在此基础上提出增强会计信息质量的对策，以落实企业经营管理目标。

企业要想提高自身的经营管理水平和效率，就必须不断强化会计信息质量，从而推动企业持续稳定发展，处于市场不败之地。如果会计信息质量低下，那么将直接影响企业各项经济资源的合理分配，所以分析研究会计信息质量对企业经营管理的影响是我们当前的重要课题。

一、会计信息质量的特点及其发展状况

（一）会计信息质量的特点

企业经营管理效率的提升离不开高质量的会计信息支撑。会计信息质量具有可靠性、真实性、相关性等特点。会计信息可靠性体现在会计信息必须是真实可靠的，可以准确确认会计要素与相关定义，摒弃与企业实际不相符的信息，并提高财务报表与企业财务经营和发展特点的联系程度。采用独立反映的方式手段来反映企业各项核心经济业务。会计信息相关性体现在充分满足国家提出的经济管理要求，认真分析了解信息使用人员的多元化需求。会计信息真实性体现在对企业经营管理运行状况真实全面反映。

（二）会计信息质量的发展状况

现阶段，我国会计信息质量发展过程中还有诸多需要完善的地方，特别是会计信息披露不全面。虽然有的企业可以实现较高的利益，但在会计信息披露上缺乏细致性，仅仅对价值高的数据信息予以了披露，掩盖了价值低的数据信息。此外，会计信息可靠性不足，企业为了完成各项包装上市任务，实际中经常通过虚造信息和财务报表来实现，致使会计信息得不到可靠保证。

二、会计信息质量对企业经营管理的影响

（一）对经营目标的影响

经营目标是企业某一时间段内经营活动运行的效果，充分反映了企业形成和发展的目的。企业会根据各个发展阶段确立所要完成的经营目标，而目标制定过程中主要依赖于完善的会计信息与财务指标，实际形成的经营目标应具备应对不断变化的会计信息的能力。

如果企业提供的会计信息中说明企业当期财务状况稳定性差，那么企业管理层就必须及时确立高效稳固的经营目标；如果会计信息中反映的所有财务指标均处于正常状态，且进步空间较大，那么企业应确立成长性经营目标；如果会计信息中反映的财务状况及收益良好，那么企业应考虑制定竞争性经营目标，从而促进企业更好的发展。

（二）对经营计划的影响

企业通过科学的经营计划来落实总体经营目标，并对企业经营管理进行全方位指导。企业在确立经营计划过程中，应充分考虑内外部因素和条件，并根据企业发展实际，深入挖掘本企业的市场竞争实力。企业确立经营计划时应从分解目标、协调部门业务活动、优化配置资源、增强企业效益水平等方面入手，而该计划需要在高效的会计信息支持下而顺利实施。例如通过现金流量表可对企业整体资金变动状况真实全面反映，通过利润表可顺利知晓企业实际盈利，对企业经营计划落实提供了有效保障。

（三）对经营战略的影响

随着市场竞争日渐激烈，企业为了在市场上更好的发展，就必须根据自身实际情况制定相应的经营战略，积极应对各种风险挑战，而完善的经营战略需要在可靠的会计信息下才能实现。客观精准的财务预算是企业战略制定中必不可少的重要依据，比如在量、本、利关系基础上进行相应的伸缩性预算编制，使得企业经营战略制定中获得了较好的柔性依据。

（四）对经营决策的影响

企业经营决策是否科学精准直接决定了企业的最终兴亡。企业经营管理侧重于资金管理，涵盖了资金的筹集、投放、营运及分配。而这些环节过程需要在科学的经营决策下顺利实施。经营决策主要对企业各项财务活动进行控制、决策及预测，并合理分配企业各项资源。所以实际中应严格遵循成本原则和利益原则，企业制定经营决策时应深入分析研究资金的配置与筹集等过程，从而保证经营项目决策获得良好的参考依据，并全面体现企业的经营效果。只有企业经营决策具备科学性，才能实现高效合理的财务管理，才能正确引导财务控制过程。由此可见，会计信息在这其中发挥着不容小觑的功能作用，严重影响了企业各项经营活动，也就是说企业为了健康稳定发展，就必须提高会计信息质量，为企业经营管理发挥积极作用。

三、增强会计信息质量的对策

（一）加强监督会计信息质量

当前，有不少企业在会计信息质量方面的监督力度不够，也没有制定相应的监督机制，进而使得企业财务管理出现了诸多漏洞问题，并严重削弱了会计信息质量的真实性、可靠性等。为此，企业财务管理者的首要任务就是构建一套行之有效的财务管理体系，保障企业资金的安全完整，并动态化掌控资金的运转过程，加强监督和管理会计操作程序。

（二）科学设置会计信息管理系统

随着我国科技水平与条件的不断提升，计算机已经成为会计领域中的重要工具。现阶段，从事会计工作的人员要能够熟练操作会计电算化系统，通过该系统进一步减轻会计劳动强度，规避做假账以及随意篡改会计信息的不良行为，为会计信息质量提供技术支持，切实保证会计信息的真实高效。可见，构建科学的会计信息管理系统在提高企业经营管理水平中发挥着重要作用。

（三）健全相关法律制度

会计信息质量需要配套的核算流程与会计制度作为依据，而相关法律制度有效保障了会计信息的精准性与真实性。但是目前我国相关法律制度中还有很多不足的地方，不利于会计信息质量的提高，所以当务之急就是构建对会计信息质量有利的配套法律制度。在我国社会的不断进步以及市场经济环境的不断变化下，现行的相关法律制度暴露出了一定的问题，所以企业应在原法律制度基础上加以创新和升级，从而有效促进会计信息质量提升。

（四）提高企业管理者与会计人员的素质

会计人员素质水平高低直接决定了会计信息质量，这里不仅有业务素质还有职业道德素质。企业管理者是保障企业整体质量的前提条件，一旦发现会计人员存在职业道德问题，企业管理者就必须开展严格的审核工作，避免会计工作成为摆设。企业管理者还应主动接受会计人员的合理建议，对会计人员的日常工作无条件支持，落实公平性、公正性原则。会计人员应不断强化自身的职业道德素质，时刻保持谨慎认真的工作态度，根据各种规范的会计规章制度办事，维护好企业财产安全完整，同时还必须坚持实事求是的原则，向企业提供精准可靠的会计信息。此外，会计人员还应充分掌握了解各种规章制度，不断提高自身的业务能力，深入分析企业生产经营特点，从而有效推动企业稳固前行。

（五）加强优化企业经营管理

为了实现高质量的会计信息，企业就必须加强优化经营管理工作，首先优化完善现行的会计管理制度，并定期组织财务人员参加专业的培训教育，以增强其业务素质与职业素质，进而积极主动落实企业经济目标。其次构建一套完善的监督机制。根据会计工作各环节情况构建并落实相应的监督措施，以实现科学化、制度化、日常化的会计工作。此外平衡企业与国家之间的利益关系。企业管理者应督促会计人员充分发挥自身的监督管理职能，强化员工严格遵守法规制度的意识。由此可见，会计信息在企业经营管理中的重要地位显著，只有不断提高会计信息质量，才能保证企业经营决策、经营计划等有效制定与执行。所以随着市场竞争日渐白热化，企业为了处于市场不败之地，就必须严格按照国家颁布的会计制度与会计准则，培养一批整体素质强的业务团队及管理团队，并健全企业会计制度，加强会计监督，为会计信息质量提升不断努力着。

综上所述可知，企业经营目标、经营计划、经营战略及经营决策都需要在高质量的会计信息支持下才能顺利生成和执行。因此企业发展过程中必须对会计信息予以高度重视，采用各种对策增强会计信息质量，进而推动企业健康发展。

第六节　应收账款对企业经营管理的影响

应收账款作为企业营运资金管理的一项重要内容，直接影响着企业健康、持续发展。同时，应收账款作为企业的债权，它对企业的利润有极其重大的影响，无法收回的应收账款就是企业的利润损失。因此，我们如何加强对应收账的管理，提高资金使用效率，已经是新时期企业所要认真研究的重要课题。

应收账款是企业因销售商品、产品或提供劳务等原因，向购货客户或接受劳务的客户收取款项或代垫的运杂费等，是企业资产负债表中的一个重要资产科目。应收账款在企业的经营活动中普遍存在，从它的产生到变成坏账的过程，会造成账簿、报表等会计资料中相关指标的不实，导致企业财务信息的失真，也给企业带来较大损失。

一、应收账款对企业经营管理的积极影响

能扩大销售。作为企业资金管理的一项重要内容，应收账款管理直接影响到企业营运资金的周转和经济效益。如果采用赊销的方式，销售商数量会增加，势必会增加产品的销售量，尤其是当前经济低谷的时期，采用赊销在一定程度上也是企业能够抢占市场先机的途径之一。合理的应收账款能扩大企业销售，提升市场占有率有，降低库存开支从而使得企业的营业利润增加。在市场疲软、资金匮乏的情况下，赊销具有比较明显的促销作用，对企业销售新产品、开拓新市场具有更重要的意义。因此，赊销产生了应收账款，它吸引了大量客户，扩大了销售额，为企业带来了效益，所以说应收账款对企业的经营有着重大的影响，在市场竞争日益激烈的情况下，赊销是促进销售的一种重要方式。

能减少库存。当前，企业为了扩大销售，提高市场占有份额，采取现金折扣、赊销的方式进行销售。当产成品存货较多时，企业可以采用较为优惠的信用条件进行赊销，这样不但可以提高企业的偿债水平，增加资产的流动性，而且也能减少费用支出和损失的发生，还可以尽快地实现产成品的快速销售，实现资金的快速回笼。变持有产成品存货为持有应

收账款，以节约各项存货支出。相反，如果不采取赊销，在当前的经济形势下是很难扩大市场份额的，尤其是市场竞争尤为激烈，同类企业数量众多的情况下更是雪上加霜。

二、应收账款对企业经营管理的消极影响

容易形成坏账损失。由于我国市场经济还不是非常发达，没有建立起一个统一的社会信用体系，所以存在着一些企业之间相互故意拖欠的现象，从而导致大量的应收账款成为呆账、坏账，从而增加了管理的范围和难度。由于发生坏账而产生的损失，称为坏账损失。企业对发生的坏账依法处理后，作为企业的一项经营发生的管理费用可冲减企业利润。我国法制不够健全，信用制度缺失，三角债、恶意欠款等问题一直是比较严重。

降低了资金使用效率。应收账款是企业的一项资金投放，长期占用了企业的资金造成企业资金周转减慢，增加了企业的经营成本，而且严重影响其再生产能力。赊销是企业促销的重要手段。但大量应收账款的存在，就会引起资金短缺，影响资金的周转。过多的应收账款会使企业的资金流逐渐枯竭，同时过高收账费用和坏账率更会影响企业的利润水平。另外，当我们商品实现销售时，赊销的同时资金没有收回，同时物流并不同步，但商品的销售发票确已经开具了，造成了收入与实际的入账严重不符，从而降低了资金的使用效率。

三、积极做好应收账款管理的相关对策

强化应收账款的风险防范。首先，要加强合同管理。企业除现金收入之外的供货业务都要必须签订合同。在合同签订前的时候，主要收集客户的相关资料，对客户要做一个信用初步调查、分析和评价，并建立相关信息台账。其次，要建立应收账款定期对账，年度清查制度。企业必须要不定期组织专人与债务人进行必要的账务核对，年末时要进行全面资产和销售清单的清查，并做到债权明确账实相符，账账相符。第三，要实施积极风险转移机制。要对部分不能收回的账款可实行风险转移必须采取资产流动性上的转移，即将应收账款转化为流动性和索取权更强的应收票据，这种管理机制能在相当程度上防止坏账损失的发生。

企业应生产适销对路的产品。产品的市场是企业发展的原动力，因而一个企业生产的产品能否适应和不断满足市场的需要，对企业的发展将产生深远的影响。商品经济是以交换为目的的经济形态，目的是为了把商品卖出去获得价值。所以除了关心商品质量外，还必须关心市场的需求，按市场的需要，生产适销对路的产品。因此，我们要重新理性考虑生产和家具市场营销的布局，要把生产和营销统一起来，不能一味地只追求高附加值产品的生产，要根据市场的布局有计划地进行产品结构的调整。面对经济迅速发展、物资极大丰富的现在，必须树立以产品功能扩展为中心，适合和满足用户需求为重点的管理经营理念，这样才能适应用户需求，获得市场认可。所以，用户需要什么样的产品，就要生产对

应的产品，让用户说了算。

加大应收账款的催收力度。如果一直不进行催收，没有保留催收记录的话，法律上有一定的诉讼时效的，过了时效再打官司就没用了，就变成坏账，基本不可能讨回来。所以，必须要加大应收账款的催款力度。对所有应收账款都要勤催，勤上门。对于一些销售人员自己都不挂在心上，或一打发就了事的应收账款，客户也不会十分重视。以财务的身份，书面的形式向客户发催款函，上书客户欠款金额和拖欠时间，并要求客户书面回复付款时间，这样的函件发出去，只要客户写上了付款的时间，盖章回传，货款回收肯定没问题。

总之，应收账款是企业拥有的一项很常见且非常重要的资产，它的安全及质量直接影响到企业的可用资源、损益情况、现金流量，甚至影响着企业的发展及壮大。因此，必须要对形成的应收账款加以合理控制，科学分析应收账款对企业经营管理的影响，提高资金利用效率，才能在激烈的市场竞争中立于不败之地。

第七节　资本运作在企业经营管理创新中的价值

资本运作作为企业经营管理工作中的一项常规性内容，是企业实现生存和发展目标的关键。随着当前我国社会主义市场经济的稳健发展和现代化经济体系建设工作的深入开展，以资本运作为出发点来寻求企业创新发展之路逐渐成为企业取胜的一项重要技巧。文章基于当前企业经营管理创新的现实开展情况，对资本运作的价值及其发挥路径进行分析，以深化资本运作在促进企业经营管理中的价值和功能。

随着我国经济发展环境的日趋多元化和创新主体思维的多方位发展，创新逐渐成为助推经济发展的重要支撑。在当前我国社会主义市场经济发展进入新阶段的情况下，资本运作逐渐成为驱动企业创新的重要动力源泉，并为企业经营管理创新创造了新的契机。然而就整体上来看，资本运作在企业经营管理创新中的价值并没有充分、有效地发挥，因此需要借助相关的理论研究与实践经验总结来加以良性引导，以实现企业经营管理工作的长期持续发展。

一、资本运作在企业经营管理创新中的价值

资本运作是通过对企业所拥有的资本资源进行有效的利用，从而实现资源的保值增值。对于现代化的企业管理来说，资本的有效管理是一项关乎自身长远发展的事情，而资本运作既能够体现出企业的日常运作能力，同时也能够展现出企业发展的实力。从企业经营管理创新的角度来看，资本运作所具备的价值主要体现在以下几方面：

（一）资本运作是企业经营管理创新的出发点和落脚点

对于企业来说，盈利是经营管理工作追求的重要目标，虽然实现盈利的方式不尽相同，但均有赖于其所掌握的资源，即企业利用自己所拥有的资金、技术、人才等优势来通过一定的模式获取相应的经营利润。而企业所有活动开展的前提和基础就是资本，企业只有掌握了足够丰富的资本运作实力，才能够在复杂的市场经济环境下准确定位和把握自身的发展方向与策略，从而做出有效的决策、行为。

同时，在当前市场经营环境日趋复杂和多变的情况下，企业尤其是中小企业往往采取量力而行的经营策略。即根据自身的资源综合量来确定发展战略，而资本运作是对企业资本进行管理的一种常规方法，是企业在进行相应战略制定时重点考虑的内容。

（二）资本运作是企业经营管理创新综合实力中的关键指标

在当前市场开放性日益增强的情况下，如何让资本能够在运作的过程中实现增值，成为企业的赢利点是众多企业尤其是中小型企业考虑的重中之重。资本自身所拥有的属性也决定了其只有在市场运作的过程中才能够实现保值增值的目的，并且在运作过程中具有一定的丰富，这就要求企业要具备相应的资本运作能力，能够根据市场和自身发展的实际情况来采取一定的应对策略。无论是金融性企业还是其他企业都将资本运作作为企业经营核心力中的重点，将资本运作人才的吸引和培养视为企业创新力增强中的重要砝码，而一些资本运作能力薄弱企业失败的案例也从实践的层面印证了这一观点。

二、实现资本运作促进企业经营管理创新价值的路径

通过上述分析可以看出，资本运作在企业经营管理创新活动中发挥着重要的功能，是企业综合实力中的主体，而如何充分实现资本运作在经营管理创新方面的价值既是企业管理能力的一种体现，同时也是企业管理艺术的一定展示。具体来说，企业实现资本运作有效价值的方法主要有以下三方面。

（一）正视资本运作工作

资本的价值是通过其为企业所创造的实际利润来衡量的。因此，企业要明白资本所具有和应当发挥的价值，避免因为资本观念方面的问题而束缚企业的经营管理创新。在当前以"创新、协调、绿色、开放、共享"五大理念为主导的经济发展框架下，企业所拥有的机遇与挑战之间的矛盾愈加凸显，能够主导企业长期持续发展的重要能力之一就是创新，企业只有通过将资本作为实现经营管理创新的重要资源来看待，才能够避免因为过分保守或者过分激进所导致的经营失败情况。

（二）准确把握市场形势

在当前市场经济不断深化发展的情况下，企业的任何决策和行为只有围绕市场这一核心来运转才能够实现发展的目标，而资本所具有的市场性特点也决定了其只有紧跟市场形势的发展才能够持续运作。因此，企业要根据所搜集和掌握的市场信息来对市场发展进行定位与研判，提升资本运作的效率和效果，避免市场波动给企业发展所带来的风险。

需要注意的是，无论是基于企业经营管理链条的创新工作还是基于资本运作视角的创新工作，企业都要通过资本的视角来审视资本运作的市场形势，提升相关创新工作的有效性。

（三）注重资本运作人才的吸收与培养

资本作为一种资源，其对企业经营管理创新价值的发挥需要借助一定的方式来实现，换而言之，资本的价值只有通过不同的运作模式来流动才能够实现其应有的价值，并且资本运作所具有的技巧与手段并非一般性经营管理人员能够驾驭。因此，企业要注重资本运作创新人才的吸收与培养，通过招聘、猎头以及内部培养等方式来打造优秀的资本运作队伍是企业在当前形势下所采取的有效策略。一些企业成功的经营也证明资本运作创新人才能够为企业经营管理的良好发展提供无限的空间与实力。

在现代化经济体系建设工作不断深入的情况下，资本运作作为企业经营管理创新工作中的重点内容，不仅影响到企业常规活动的开展，同时也会对企业接下来的经营管理决策与行为产生重大影响，因此，企业要正视和充分利用资本运作手段来提升经营管理创新的实力和效果。

第八节 基于财务绩效的企业经营管理体系

随着经济全球化的不断加深，以及全球市场竞争压力的增加，企业为获得更大的生存空间而不断完善自身经营管理体系，其中，企业财务绩效管理因在控制企业成本方面作用明显而得到广泛关注，通过企业财务绩效管理体系不仅能够实现对企业资本的有效监管，还能够依托经营成果的导向分配机制，调动财务管理人员的工作积极性，在保证企业低成本化运营的同时，实现企业的健康、可持续发展。

一、企业财务绩效管理概述

作为企业运营管理的重要内容，企业财务绩效管理所涉及的任务较多，通过传统企业财务管理内容外，财务绩效管理部门还需要针对企业的实际情况制定个性化的企业财务管理体系，从而实现资金在企业内部的科学配置，为企业创造更多的利润。企业财务绩效管理是通过财务分析的手段，针对企业在生产、经营方面的具体实施情况，进行客观评价，并以此作为企业财务管理制度体系建设的依据，实现企业的健康、可持续发展。

二、从财务绩效的视角看我国企业经营管理存在的主要问题

缺乏科学的企业发展战略。企业发展的根本目的是最求利润的最大化，为此，在制定企业发展战略时，企业管理者并未考虑到企业自身的发展情况，以及周围经济环境的变化，使企业发展战略的制定具有一定的盲目性。在产品的开发、设计方面，缺乏长远考虑，导致企业的大量资本投入无法收回，给企业造成无法弥补的损失。

企业经营管理基础较差。绝大多数企业管理者认为，雄厚的资本是企业发展的核心。因此，企业经营管理的重心则放在了对资金的分配与监管方面，对于企业经营管理体系的基础建设并未给予高度关注。然而，对于企业来说，完善的经营管理体系才是企业稳定发展的根本，在缺乏良好的经营管理基础的情况下，企业经营管理所面临的风险大大增加。

企业管理者的财务绩效意识淡薄。受传统企业经营管理理念的影响，大多数企业管理者将财务绩效单纯地理解为资本对利润的影响程度，对于两者之间关系的研究并未深入进行。企业管理者缺乏从企业发展过程中的各种影响因素中找出关键点的能力，对于财务绩效制度的认识程度不够，导致企业在成本化运营方面存在诸多问题，使企业的发展愈发困难。

企业资本得不到有效利用。由于缺乏科学的财务绩效管理制度，部分企业在资本管理方面出现了许多问题，主要表现在企业融资难、融资成本高，以及企业负载率过稿等方面，长此以往，极易导致企业资金链断裂，使企业面临破产的危险。

三、企业财务绩效管理体系构建的应对措施

建立更加科学的企业财务绩效全员参与机制。企业财务管理是企业各项管理工作的重中之重，通过加强企业财务绩效管理，将实现企业利润的增加，避免资本的流失。为实现企业财务绩效管理工作的科学性，应当建立企业高层认可的全员参与机制。由于企业财务绩效管理涉及内容较多，覆盖面广，属于具有高度综合性的企业管理活动，这就意味着，财务绩效管理工作的有效开展，需要企业各部门、岗位员工的支持。为此，企业财务管理部门应当向每一位员工讲述加强财务绩效管理体系建设的重要意义，以期得到大部分员工的支持。

构建科学的企业资本监管制度。企业财务部门为提高财务绩效管理水平，不仅要对企业内部信息进行统计与梳理，还要对企业外部信息加以利用，通过分析行业信息，对企业

当前面临的市场形势进行全方位的监控，把握每一笔资金的流向，从而实现对企业资本的科学管理，形成完善的资本考察、预算、投入、风险预防和评价体系。

加强企业成本的科学管理体系建设。对于企业来说，降低企业生产、运营成本将有助于企业综合竞争力的提高。为此，财务管理部门的主要工作除了对企业资本进行科学管理外，还包括通过不断完善管理体系，实现企业各方面运营成本的降低。当前，成本的提高是影响企业效益的罪魁祸首，企业财务管理部门需要根据自身特点，通过模拟市场核算方式，在成本化运营方面采取一票否决的形式将企业经营指标进行细化。首先，在企业成本支出方面，对于大宗交易，需要采用招投标机制，在产品质量相差不大的情况下，选择成本较低的供应商。其次，加强企业产品、服务质量监督，防止因企业产品、服务质量问题带来的市场维护成本增加。最后，完善企业内部财务管理考核管理办法，扩展考核范围，其覆盖范围不仅包括企业产品的生产成本考核，还要对企业管理成本、售前成本、售后成本等进行统计，从而得到准确的投入产出比。

加强企业财务绩效管理人员队伍建设。完成以财务绩效为核心的企业经营管理体系构建的过程需要大量的财务专业人才，通常来说，高素质的财务管理队伍，能够使企业财务管理和财务预算工作尽快落实。在加强企业财务绩效管理人员队伍体系的建设过程中，主要通过三种方式完成。第一，加强专业技术人员的招聘，使企业财务管理队伍不断壮大；第二，对企业员工进行财务绩效基础管理知识的培训，以其能够对企业财务绩效管理工作中的事物进行监督，提高企业财务绩效管理工作的科学性；第三，推广企业财务绩效成本责任制，将企业成本进行分解，要求企业财务管理部门对个方向财务绩效成本进行独立核算，提高财务管理人员队伍的责任心，避免因个人失误导致的企业成本的增加。

建立以经营成果为导向的分配机制。所谓经营成果为导向的分配机制，就是将财务管理人员的收入与企业的成本化运营相关联，改变主观定酬导致的分配不公问题，建立目标年薪制度，以激发企业财务管理人员的工作积极性，提高企业财务绩效管理效率。目标年薪制是以企业经营成果为导向建立的分配制度，其中包括基础底薪与浮动年薪两个部分，针对企业财务管理岗位的不同，这两部分所占比例将在一定范围内调整。对企业财务管理人员的考核结果将直接影响到基础底薪与浮动年薪的比例，这意味着以经营成果为导向的分配制度是可以被量化的，而不是以工作量的完成情况确定相关薪酬，这在一定程度上避免了分配有失公平的问题。

第九节　服务型企业经营管理创新思考

服务型企业经营管理决定市场竞争力，影响企业成败。新经济形势为公共服务型企业的经营管理带来严峻的考验，在经营管理、工作效率、服务群体、经济效益等多个方面都有着重要影响。所以，企业要想在新经济形势的背景下快速发展，就要有新对策。本节通过对现代公共服务企业管理中存在的问题进行浅析，总结出一些有效的解决方法，以促进企业的创新快速发展。

随着我国新经济时代的来临，各行各业深受影响，其中就包括公共服务企业的经营管理。在经济全球化的大背景下，中国经济日渐崛起，已深深融入经济全球化进程。我国原有的传统产业、经营模式受到很大冲击，众多企业的发展开始举步维艰。本节从破解制约发展的机制体制和难点问题入手，创新改革企业的经营管理体系，以促进传统产业的转型升级。目前，我国公共服务企业的经营管理水平存在诸多弊端，如：企业经营管理制度不完备、服务与信息化不接轨、人力资源开发不足等，这些都是制约企业发展的因素。所以，企业要想成为市场竞争的主体，就要实时地创新管理思路，拓宽企业的发展渠道。

一、公共服务型企业经营管理面临的新挑战

（一）市场经济环境的改变

在如今的市场经济条件下，市场环境在深刻地发生变化。服务对象是主导，力求更多的服务对象成为企业竞争的主要手段。企业为了取得更多的市场占有率和覆盖率，首先必须要着重服务质量和工作质量。质量是企业的生命，质量意识是企业生命的灵魂。其次要完善服务。服务是企业的根基，要提高服务质量，必须先增强员工的质量意识。再次要做好宣扬。企业文化是企业的灵魂所在，把企业的正能量融入和渗透在企业的方方面面，以激发企业内在活力。要实现这些的前提是完善企业经营管理，顺应时代发展，让企业在逆流中前行，给企业增加更大的发展动力。

（二）大数据对企业经营管理的影响

互联网对企业经济状况发展的推动是众所周知的，它不仅提供了大数据，也改变了人们的生活方式。就目前来说，我国大多数服务型企业在对大数据的处理方面仍处于最初阶段，面临着信息孤岛、数据壁垒的问题和挑战。数据缺少规范和标准，给数据的采集、对接、共享、开发利用带来困难。互联网、云计算等信息技术的快速发展催生了大数据时代，大数据技术快速发展，成效凸显于诸多领域。发展的大数据对企业的经营管理产生的影响尤其深远，作为经营管理的决策者，需得认清形势，抓住机遇，积极应对，有效促进企业的可持续发展。

二、企业经营管理模式问题

（一）管理制度和流程内卷化

企业在其发展过程中，逐渐形成自己的一套管理制度，甚至很多企业不管规模如何，

各种部门一应俱全、内部文件满天飞，企业内部各种审批手续烦琐，层层汇报制度让事情处理起来十分缓慢，市场环境瞬息万变。但是，有些企业和外部环境隔绝，传统制度观念根深蒂固，不变通、不更新，流程涉及涵盖范围过多，经手部门领导都签字，造成简单重复化的印象。

（二）组织结构方面问题

目前，企业组织机构在设置中存在僵化的问题。经营决策盲目性大，普遍缺乏科学的论证体系，公司治理缺乏监督和管理控制机制，组织机构的建设不能快速响应业务发展的需要。企业最高领导难以及时了解下属经营单位的真实业绩，部门功能界定不明确，导致职责权利不对称，部门设置臃肿，人员福利庞大，管理费用居高不下，管理靠主观印象和直觉判断，制度建设滞后等。这些典型突出问题对企业的发展都是有害无益的。

（三）人力资源方面问题

人力资源优化合理配置关系着一个服务型企业的可持续发展。目前，很多企业对人力资源管理的认识基本上还停留在传统的人事管理上，人员配置规划缺少全面性，对培训机制的理解存在误区。人员的选取、配置和使用是否合理，这是关系到企业发展成败的大事。在全球化的经济浪潮环境下，企业要想在现有市场与规模的基础上有更长远的发展，必须在适应环境的同时进一步为企业注入新的力量。同时，激励机制存在不足，绩效评估机制亟须完善，薪酬与福利管理的合法性有待提高等方面，都是人力资源管理方面亟待解决的问题。

三、企业经营管理创新思路

（一）改变传统管理理念

在经济全球化的大背景下，旧的管理理念大多已不适应新时期经济发展的需要，企业的经营管理理念必须不断创新。建立现代企业管理新模式，打造更优质的服务体系，出台能适应市场经济要求的新兴企业制度。在数字经济的时代背景下，加强数据治理，加快信息基础设施建设，推动出台网络数据管理政策和安全标准；持续优化大数据发展环境，促进数据的共享开放，规范市场主体间的数据流通和交流，引导传统产业数字化转型，支持关键技术的突破发展。

（二）创新管理制度

创新制度是企业在创新管理活动中所形成的与企业创新精神、企业创新价值观等意识形态相适应的企业制度、规章、条例、组织结构等。良好的创新制度是企业创新的基本保证，创新服务型企业管理制度，使企业的服务质量、文化内涵、工作效率、竞争优势得到提升。科学的制度化是实现人性化管理的必经之路，在经营管理工作中探讨制度人性化问题，以求对现代企业管理制度的深层次理解，使制度在管理过程中符合现代企业的发展要求，让企业走上快速发展之路。

（三）改善机制创新管理模式

引入股份制、混合制、民营制，企业的组织结构更加科学、合理、高效，更能符合现代市场的需求，多渠道助推服务转型。在企业制度、管理机制、组织模式、流程重组、管理方法和手段方面进行改进，增强职工的主人翁意识和危机意识，实现管理人员能上能下、收入能增能减，激发职工工作积极性、主动性和创造性。创新管理体制，要求管理得当，确保企业有源源不断的发展动力，拥有巨大的发展潜力。

（四）培养专业管理人才

人才是企业发展的根本因素，是事业之本。培养实用创新型管理专业人才，是企业在市场竞争中占据有利地位的基础。在新经济时代背景下，现代企业需加快培育和储备一支懂经营、善管理的复合型优秀人才管理队伍，来应对企业面临的挑战。竞争的本质是人才的竞争，企业员工要紧跟时代快速前进的脚步，深化自己的行业技能与职业素养。而作为服务企业，其要努力营造技能人才成长环境，建立健全人才考核评价机制，大力推行公开选拔、竞争上岗等方式，把优秀人才选聘到合适的岗位上，实现人尽其才，为企业的经营管理提供新思路。

（五）企业文化创新

创新是企业文化的精髓，是服务型企业的灵魂。要形成优秀的企业文化，先要立足现有文化，以创新的观念建设企业文化。在企业文化建设中，要注重文化与时代的结合，不断创新突破。创新企业文化，要在继承优秀的固有的企业文化基础上进行，组织员工学习企业的创新管理理念，感受企业的亲和力、凝聚力，将"厂衰我耻、厂兴我荣"的理念植入每位员工心中。企业通过企业内刊、网络平台建立职工无缝对接，让每一位职工自觉做到以下内容。

静：工作要静下心来多思考，认真做好每一项手头工作，冷静处理工作中遇到的问题。

净：保持工作环境如场站、办公室等清洁卫生。

尽：尽职尽责，用主人翁的心态对待工作，力争最好。

敬：互相尊重，人人平等，爱岗敬业。

禁：不做与公司规定不符的行为，禁止工作中发生不道德行为。

进：提升技能，勇于创新，不断进步。

近：职工与职工之间心要贴近，与经济发展要求要贴近。

紧：有紧迫感，把各项工作有条不紊地做好。

劲：有干劲冲天的朝气，把所有干劲用于工作中。

精：要有强大的精神信念，斗志昂扬。

锦：有锦上添花，雪中送炭，相互鼓励扶持，共创美好明天的宗旨。

任何一个服务企业，都要找准自己在市场中的位置。取长补短，准确判断和推测自身、外部、内部因素，把握好内部、外部因素的发展趋势。清楚自身优劣势，正确处理好企业的发展与后颈问题，才能解决转型创新，促进企业变革成功。

新历史条件下，市场经济进入一个平等、开放、激烈的竞争环境，这对于各个企业的考验无疑是严峻的。实施"科技兴企，人才强企"战略，创新经营管理理念，用可持续发展的思想组织建立通畅的信息交流体系、有效的协作执行体系、精准的决策支撑体系，来提高企业内部的管理能力和办公能力。改变旧的、落后的管理观念，营造现代化、人性化、科学化、智能化的现代企业管理模式，实现企业的可持续创新发展。

第十节　税收规划与企业经营管理

税收规划作为现代企业管理工作中的一项重要内容，与企业生产经营活动密切相关。在企业经营活动中广泛开展税收规划工作，不仅可以降低税收成本，提高经济效益，还可显著提升企业管理水平，促进企业健康良性发展。本节通过税收规划与企业经营活动管理工作间的相关性分析，以及税收规划在企业经营管理中的理论和实践分析，从而促使税收规划得到更加合理和高效的应用。

企业的财务管理活动影响到企业的每一个经营和企业工作的每一个环节。因此财务管理已经成为现代企业内部管理中不可缺少的一个重要问题，并且它的影响意义深远。税收规划对企业财务管理产生直接的影响，而且对企业的经营也产生了重要的影响。由此，我们能够意识到企业的财务工作要从企业的税收工作对企业的经营产生影响的角度进行分析研究，并在充分考虑企业现状及战略目标的基础上，依据国家税收法律法规，合理应用税收规划开展高效的资源配置工作，降低企业税收负担，实现企业效益最大化。

一、税收规划与企业经营管理的相关性

企业的税收规划和企业的经营管理工作二者之间的关系是紧密相连、互相影响的，因为他们根本的目标是一致的，所以他们之间的关系很紧密。企业经营管理包含的最主要的内容就有税收规划工作，企业的税收规划工作可以依靠企业的投资活动、企业筹集资金以及企业的成本核算等控制企业的税收，以此来加强对企业的税收成本管理，并且能够为企业带来一定的经济效益。企业合理安排税收规划工作不仅能够促使企业的资金

用在科学合理的地方，同时也能够提高资金的使用率，最主要的还可以让企业的管理水平更进一步。税收规划在合理利用国家税收法律法规及各地区财经政策方面同企业的管理目标是完全一致的，它可以让企业减少企业的税务开支，享有低成本的税务，促进企业资金得以优化运用。通过税收规划工作与企业经营管理工作的配合应用有效保障企业经济活动决策的准确性。

二、税收规划对于企业经营管理工作的意义

保证企业经济效益的最大化。企业进行经营管理工作最根本的目的就是达到企业经济效益的最大化，企业为达到这一目的所使用的方法很多，企业的投资、融资、企业生产、销售等都可以达到利润最大化，企业的这个目的和企业税收规划工作的意义相同，都是为企业服务的。企业合理规划税收工作，可以降低企业的投资风险，促使企业的流动资金使用更加安全，收益更加明显，保证企业的每一个资金的支出都能够发挥最大的作用。不同时期的企业发展需要制定不同的税务规划，以保证企业的经营战略合理，以企业最优税负为目标制订科学的投融资方案，使企业资金应用状态最佳，企业的经济效益最大化。合理的税收规划工作能够推动企业达成价值最大化目标，在法律允许的范围内，企业可以最大限度地降低税务支出。该方法不仅为企业的投资工作提供真实的数据支撑，也能够为企业减少成本的支出，提高企业的利润，降低企业的经营所遇到的风险，实现企业效益最大化的目标。税收规划应在符合国家税收政策导向及法律规定的前提下开展，管理者必须熟悉和通晓国家税收法律规定，通过开展税收规划工作可有效提升企业的整体管理水平，帮助企业的各种决策提供数据支持，决策更加科学，为经济利益最大化做好准备，打下基础。

保证企业经营稳定、科学发展。企业只要经营就会遇到市场的竞争，同时更要想尽办法来面对市场的竞争，以此在经济活动中站稳脚步，立足于市场。所以企业的稳定发展是企业最主要的经营目标，企业虽然是想要利益最大化，但是相对于短期的盈利来说，企业更加希望得到的是长久的盈利，因此企业就把目标放在了税收规划的点上，利用这一关键点，来促进企业持续稳定发展。企业应避免出现因盲目性追求效益最大化而进入到税收陷阱中。通过开展合理的税收规划工作，可以使企业为自己的发展扫清障碍，能够避免企业面对的税收风险。企业通过税收规划工作，还可以提升企业的利润空间，以及企业面对债务的偿还能力，确保企业的资金使用科学，合理。举个例子：企业在开展筹资的时候，企业应该依据税收规划的特点来制定符合自己企业的资金筹集的工作计划，以此来避免由于流动性资金不足而导致企业陷入贷款偿还危机中，这样不仅提升了企业偿还债务的能力，同时也保障了对企业的管理，更加有利于企业的科学持久发展。

三、税收规划在企业经营管理实践活动中的应用

筹资方面。企业发展的物质基础是资金，这也是企业进行所有活动的最根本的保障。现在的形势是企业要想筹资和融资都很困难，企业的融资方式也改变以往的单一形式而趋于多样化，利用税收规划就是其中一个有力的方式，它可以促使企业制定出科学合理的融资方案，以此来达到融资的目的。企业筹集资金的方式很多，但是不管是采用企业上市融资还是企业发放债券来融资，也或者是企业采用别的方式，这都存在一定的优势和弊端。但是税收规划工作与之不同，它能够保证企业避免出现类似的筹集资金所面临的风险，帮助企业选择出最适合的筹资方案，有效提升企业的整体运营能力，并使得企业的经营效益得以极大的提升，减小企业的经营性风险。

投资方面。企业的投资也是存在多样化的，企业重组、企业合并、企业分设子公司等方法都是现在很多企业投资应用的方法。但是企业借助税收规划工作的有效实施，合理运用多种优惠性税收政策，通过选取适宜的投资环境及投资方式，将对投资的利润营收产生极其重大的影响。在此方面，即可实现通过税收规划工作促使企业在资本投入当中取得最大化的利润收益。企业在扩宽自己营业范围的时候，可以选取在国家政策支持的地区增设子公司进行扩张投资，通过享受低税率政策及地方性扶持政策，促使企业获得超过同行业利润水平的效益，从而提升企业竞争力。另外，税收规划工作可以帮助企业的财务工作走向科学性，为企业的发展带来新的机遇，保障企业的利润空间，企业最大化的利润就是企业的生存根本。国家在调整自己的产业结构的时候，企业抢抓机遇，积极参与与本行业相关的国家重点扶持的产业项目，可以通过享受国家制定的相关优惠政策或者取得国家财政性补贴的机会，进一步扩大企业利润收益来源点，有效地提升企业经营能力。

在其他方面的运用。通过以上两点论述，已经总结出合理的税收规划工作不仅是提高企业的管理水平，也可以有效地提升企业的经济效益。但是税收规划的作用不仅仅只有这两点，它在企业的其他方面也具有一定的优势。企业在面对资源市场销售的价格较低的时候，企业可以配合税收规划工作，适当的扩大购入库存，根据企业所处的纳税期以及盈亏情况选择合理的存货计价方法，促使企业成本费用的抵税效应得到最充分的发挥。还有在一些企业中，科学性地选取产品宣传方式或广告投放时机，通过合理的税收规划，也能够达到一定的节税作用。另外，税收规划的科学性是建立在企业管理者应熟悉和通晓国家税收法律规定的基础上的，因此还可以促进企业的管理水平持续提升，从而促进企业长久、稳定的发展。总而言之，在企业经营管理中应该多采用税收规划的优势来帮助自己的企业发展，企业一直以来都是把稳定科学发展作为企业经营工作的重要内容，合理利用多种形式和方法的税收规划，促使企业的税务支出得以最优化，从而实现企业价值最大化的目标。

　　企业管理者如果能够在企业的经营管理中有效落实税收规划工作，那么税收规划就会发挥它应有的作用，不但降低了企业的经营风险，还可以提升企业经济效益。但目前企业在税收规划工作中依然存在一些不足，如企业管理者对国家税收法律法规未能深入理解，错误运用税收法规政策，或执行税收规划方案产生偏差等，反而加大了企业税收风险，因此企业在运用税收规划前首先要进行科学合理的分析，依据国家税收法律法规及企业的实际情况，制订出合理的税收规划方案，才能保证税收规划的应用效果明显。同时，对于企业经营活动中涉及的相关税收规划问题，企业管理者应当有足够的重视，积极制订科学的税收规划方案，并通过合理运用为企业带来更多的经济收益，提升企业竞争力并促进企业的持续发展。

第四章　企业财务管理模式

第一节　绿色财务管理

一、传统财务管理的弊端及引入绿色财务管理的必要性

当今社会是一个发展的社会，可持续发展理念已深入人心，因此，企业在进行自身的财务管理以及制定企业发展战略的时候，必须要考虑到多方面的因素。如包括了多种资源的自然环境，又如包含了许多危机的社会环境。如果出于恶性循环下，会使得整个国家，整个社会，整个世界为其短浅的目光付出严峻的代价。因而，我们必须走绿色财务管理之路，相对于绿色财务管理，传统的财务管理有以下缺点：

（1）传统模式下的企业财务管理，不能够准确地核算企业的经营成果，只能够单纯的计算企业中的货币计量的经济效益，而无法将会计核算体系纳入企业管理中，无法将货币计量的环境资源优势转化为企业中的管理优势。

（2）传统模式下的财务管理，不利于企业对环境造成的污染及财务风险进行分析，传统的企业财务管理，没有办法准确核算企业经营环境，没有办法避免自然资源的匮乏造成的后果，没有办法改善生态环境的恶化模式，没有办法减缓竞争的加剧，没有办法遏制环境污染的发展，从而会加快企业生存及经营的不确定性，使得企业自身的财务管理出现从体制上的差错。

（3）传统模式下的财务管理，不利于进行有效的财务决策。在这种模式下的财务管理，企业在进行经营的时候，大多是将资金投入到了高回报、重污染的重化工企业，不考虑对环境的污染，不顾环境破坏，因此这种模式下的企业管理，只会使得经济的宏观恶性循环，将严重破坏环保问题，而这也将会使企业遭到倒闭、被取缔等停产风险。

传统的财务管理在这几方面的弊端，充分说明了进行新的财务管理理念的重要新，也就是说，企业要改变，就有必要走绿色财务管理之路。

二、绿色财务管理的概念及主要内容

绿色财务管理，是指充分利用有限的资源来进行最大效益的社会效益化、环境保护化、企业盈利化。而绿色财务管理的目的，是为了在保持和改善生态环境的同时实现企业的价值最大化，使得企业能够与社会和谐相处。绿色财务管理就是在传统财务管理的基础上考虑到环境保护这一层因素，主要有以下几个方面：

（一）绿色投资

由于企业的各种因素，所以需要引进绿色投资，而绿色投资，也需要我们在所需要投资的项目以及外在压力进行简单的调查研究，而这几点，则是研究的方向：第一，企业在对环境的保护上有没有切实按照国家制定的标准来进行，需要保证所投资的项目之中不能有与环境保护相违背的内容，这也正是绿色投资的前提。第二，提前考虑因环保措施而造成的费用支出。第三，提前考虑项目能否与国家政策响应而获得的优惠。第四，考虑能否投资相关联的项目机会成本。第五，考虑项目结束后是否拥有因环境问题而造成的环境影响的成本回收。第六，考虑因实施环保措施后对废弃物回收而省下的资金。

（二）绿色分配

绿色财务管理在股利上面继承了传统财务管理理论的内容，同时又有着它的独特性存在。在支付股利时，需要先按一定比例来支付绿色资金不足的绿色公益金以及绿色股股利。绿色公益金的提取，相当于从内部筹集绿色支出不足部分的资金，而这一过程与企业进行公益金提取的过程相似，但却区分不同企业规模。绿色公益金的提取，不仅需要企业是处于盈利状态，还需要确保有一定的余额，而且，不得随意挪用，绿色公益金只能做绿色资金不足部分的支出。绿色股股利的支付与普通股一致，但不同的是，如果企业无盈利且盈余公积金弥补亏损后仍无法支付股利，就可以用绿色公益金支付一定数量的绿色股股利，但却不能支付普通股股利，而这一方式，也是为了维护企业在资源环境方面的声望。

三、绿色财务管理理念的理论基础

（一）绿色管理理论起源与发展

发达国家于 1950 年左右提出绿色思想，生态农业由此兴起，而随着时代的推移，战争的干扰，经济的全球化，发达国家对环境的污染也日渐严重，而绿色思想也在人们的心里扎根，20 世纪 90 年代，全球兴起了一股绿色思潮，绿色管理思想也由此出现。

（二）绿色会计理论

这几年来，自然社会的急剧变化，使得人们将目光逐渐聚焦于环境与可持续发展中。会计领域的人们也积极探索会计与环境相结合，提出了绿色会计理论。在这一领域的很多会计师也对绿色会计理论提出了许多新的观点，在各个方面都提出了大量有益的探索，从而使得绿色会计的研究越来越深，越来越具有操作性。对绿色会计活动中的确认、计量、披露，都是为了给信息使用者进行服务的，尤其是在为企业的决策者提供信息方面。有着大量会计领域的专业人员对绿色会计进行研究，也就导致了满足绿色会计这一理论的企业能够进行正确的筹资、投资以及决策，也就使得绿色财务管理出现。

四、绿色财务管理在应用中的注意事项

绿色财务管理理论是适应人类社会资源环保保护潮流的理论，是对传统财务管理理论的挑战与发展，而绿色财务管理理论要想在这个社会中应用到企业中，就需要做到以下几点：

（一）企业要兼顾资源环境与生态环境的平衡

当今社会随着绿色消费的出现，消费者的绿色消费观也在逐渐增强。而企业要想在这个社会中立足，就需要将资源环境问题代入企业管理中，以绿色财务管理理论作为指导依据，尽量开展绿色经营模式，以此提高企业的经济效益与社会效益。

（二）增强员工素质

企业员工的素质也是影响绿色财务管理能否正常实施的一大因素。因此，企业员工，特别是财务人员，应当利用社会生态资源，利用生态环境，通过资源整合来提高资源环保意识，加快传统模式下的财务管理理论向绿色财务管理理论的转变，通过提高员工素质以增强财务管理工作。

（三）使得会计领域与绿色财务管理理论相适应

想要做到这点，需要我们增设会计科目，如绿色成本、绿色公益金等绿色概念，从而使得绿色财务管理得到完美的应用；需要我们对会计报表进行改革，增设在企业对环境保护及改善等方面设定指标，从而使企业能够清楚自己在哪方面如何做可以提高对环境的优化，不会像无头苍蝇一样到处乱撞。

综上所述，我国的绿色财务管理理论还是处于一个新理论的萌芽阶段，但却可以随着世界环保呼声的增强而不断得以完善，不断得以进步，从而在指导企业经营、提升企业经济效益及社会效益中起的作用越来越强大。

第二节　财务管理与人工智能

与企业资本有关的管理活动——财务管理成为企业家最关心的问题。财务管理就是通过处理可靠的财务数据信息为企业制定发展战略提供依据，但是当今时代信息爆炸，财务数据规模庞大繁杂，为了简化流程、降低成本，20世纪中期兴起了人工智能技术，极大地提高了管理效率。然而，人工智能技术在处理财务信息的过程中利用固定的模型与公式，处于多变环境中的企业经常遇到常规难以处理的数据信息，这种情况下人工智能的弊端逐渐的显露出来。如何处理财务管理与人工智能的关系成为管理界的一个新课题。本节就财务管理和人工智能的基本理论做了相关介绍，并探讨了财务管理与人工智能的关系，最后提出了处理财务管理与人工智能二者关系的相应措施。

一个企业经营的是否长久、赚取的利润是否丰厚，主要在于企业的战略制定和决策预测。制定出合适的战略，企业也就抓住了全局和方向，然后再通过战术或者经营决策进行当下的日常经营。根据战略制定的步骤，我们知道，要想制定出适合企业发展的战略，最关键的一步就是找出拟订方案的依据，所谓的拟订方案的依据具体通过企业的财务管理提供。财务管理的主要职能就是分析企业的财务报表和相关的数据，为企业的筹资、投资和资金营运提供决策的依据。在财务管理活动中，需要很多的公式进行运算，甚至某一个特定的常见情况也具备了固定的计算模型。企业的规模不断增大，来自企业营运活动和会计方面的信息越来越多，20世纪中叶，计算机技术正在蓬勃发展，企业的管理者为了减轻财务管理方面的负担，降低成本，提高财务信息处理的准确性，开始尝试着将人工智能技术引入企业的财务管理领域。这种创举在人工智能技术的引入初期的确给企业带来了极大的便利，增加了利润，提高了财务管理的效率。但随着社会的发展，尤其是我国在加入WTO之后，国内企业面临的经济环境瞬息万变，不但需要处理的财务信息进一步增多，而且还出现了很多常规方法难以分析出合理结果的情况。

一、财务管理的理论基础

简单来说，财务管理就是企业运用相关的财务理论知识处理和分析财务报表以及其他的财务信息，最终得出企业经营状况的管理活动。关于企业资本的营运和投资正是财务管理的重要内容，企业在进行筹资决策、投资决策以及营运资本和股利分配决策时，所依据的重要信息就是通过财务管理人员的计算与分析得出的。财务管理的发展也一直在与时俱进，共经历了三个阶段。即企业利润最大化、每股收益最大化和股东财富最大化。每个财务管理的目标都符合时代的发展需要，也适应了企业经营者的经营目标。财务管理最早出现的时候，企业经营的目的就是赚取丰厚的利润，为了适应企业的发展需要，也为了发挥出财务管理的作用，就把企业的利润最大化作为目标。随着时代的发展，企业的规模越来越大，出现了上市公司，在上市公司内部，对于经营至关重要的是筹集足够的资金，即能够满足股东的需要。很多的小股民只关心自己在企业投资的收益，至于企业每年的利润以及经营情况则是无关紧要的。为了满足股民的心理需要和现实需要、筹集到资金，企业就想方设法地提高股民的收益，财务管理的目标也就变为每股收益最大化。大多数的企业满足不了短时间内股民的巨大收益。对此，企业的经营可能不惜牺牲经营时间来换取股民收益，但在实务中，一年赚取一定数额的收益和两年赚取相同数额的收益显然是不一样的。因为货币包含时间价值。所以，企业财务管理的目标发展到目前的阶段，即股东的财富最大化。财务管理的最终目的就是通过分析数据得出恰当的决策，再通过合理的决策，最大化的增加企业价值。

二、人工智能相关介绍

人工智能技术的概念最早在 20 世纪中叶提出，20 世纪末至今是人工智能技术应用的时期。人工智能技术指的是在计算机技术的基础之上，通过模拟人类某个领域专家进行解题的方式，使企业的经营决策智能化，实质就是模拟人类的思维活动。企业的财务管理是分析财务报表、得出有效信息、进行决策的过程，企业的财务人员在分析财务信息时，总会借助固定的财务公式，使用固定的财务模式解决日常经营的难题，基于这样的现实情况，具有计算机技术和财务管理专业知识的研究人员为了降低成本、提高效率，尝试着将财务管理的某些模式与公式存储在计算机的系统中，这样就可以把财务报表的信息输入计算机，通过之前存储在内部的计算模式进行报表信息的运算，从而得出相应的结果，这就是专家系统。与传统的财务管理相比，人工智能技术的引入解决了某些财务上的复杂运算以及数据分析的过程。人工智能技术在财务管理上的作用不仅仅是收集和整理数据，更重要的是通过学习新的专业知识，并将知识运用到实际运算中，得出合理的结果，做出客观的判断。人工智能技术包含了很多复杂的计算程序，凡是输入的数据，进入程序的运行之后就可以得出与实际手工运算一样准确的结果，所以，在人工智能技术下，财务人员的工作由原来的大量计算转变为数据的输入与结果的记录与汇报。过去的信息系统只能将数据输入，并运行非常简单的分类和加总程序生成财务报表，而当今的人工智能可以运行复杂程序并得出客观的结果，甚至可以分析数据之间的相关与回归关系。

三、财务管理与人工智能的关系

今天已经进入大数据时代，传统的手工计算分析已经跟不上时代的潮流，企业的财务管理不能闭门造车，需要应用人工智能技术提高工作效率，帮助企业提供决策依据，发现事物和现象之间的内在联系，人工智能技术同样需要与时俱进，根据企业的需要和管理的发展，不断补充新的程序，继续开发新的技术。总之，二者是相辅相成、互相完善的关系，财务管理使用人工智能是为了更加方便快捷，人工智能也需要通过服务财务管理找出不足，通过逐渐地完善达到节省成本的目的。

四、处理财务管理与人工智能关系的措施

上文提到了财务管理与人工智能的关系，企业的发展离不开人工智能，但是企业的财务管理又不能完全依赖人工智能技术。处理财务管理与人工智能关系的措施如下。

（一）提高财务管理人员的专业素养和水平

员工是财务管理工作的执行者，也是整个财务工作的推进者，财务管理人员的综合素质关系到整个财务管理工作的效率和质量。因此只有提高相关人员的专业素质，才有助于识别财务工作中的重点问题和复杂问题，有能力判断哪些问题需要慎重对待，哪些问题需要借助人工智能技术解决等。

（二）与时俱进的引入人工智能技术

人工智能是基于计算机技术发展而来的，人工智能技术的发展将会非常迅速，企业应该及时关注人工智能技术的更新换代，及时更新财务管理部门的相关技术，保证财务管理活动始终在最前沿的人工智能技术下进行，这样才有助于企业整个财务管理活动的与时俱进。企业通过人工智能技术的更新推动整个财务管理工作的进程。

（三）成立专门的人工智能与手工操作分工小组

财务管理工作复杂繁多，如前文所述，人工智能技术不能承担企业所有的财务管理活动，只能是有选择性地辅助财务人员进行决策与分析。对于复杂的财务工作，到底哪些工作需要由财务人员手工完成，哪些工作需要借助人工智能技术来解决，这需要一个合理的分配。对此，企业可以成立专门的分工小组对财务管理中的工作进行适当的识别与分配，保证财务管理有序进行。

人工智能技术是信息技术的重要方面，也是时代发展的标志，它的出现解决了财务管理很多烦琐的问题。企业的财务工作应该运用人工智能技术，通过人工智能技术，提高企业的管理效率，为企业的持续发展提供更加准确的策略，实现财务管理的目标。

第三节 财务管理的权变思考

权变是权宜机变，机变是因时、因地、因人、因势变通之法。"权变"一词最早出于《史记》，其中记载了古代纵横家、商家的权变思维。最早运用权变思想研究管理问题的是英国学者伯恩斯和斯托克。权变理论认为环境条件、管理对象和管理目标三者之任何一者发生变化，管理手段和方式都应随之发生变化。权变理论的特点是：开放系统的观念、实践研究导向、多变量的方法。

一、财务管理的权变分析

理财活动作为一种实践与人类生产活动同样有着悠久的历史，但现代意义上的财务管理作为一门独立学科只有近百年的历史。财务活动能否成功，在很大程度上取决于对环境的认识深度和广度。下面将从权变的角度分析各时期财务管理的特点。

（一）筹资管理理财时期

20 世纪初，西方一些国家经济持续繁荣，股份公司迅速发展，许多公司都面临着如何为扩大企业生产经营规模和加速企业发展筹措所需资金的问题。在此阶段中财务环境、理财对象影响着财务管理活动，财务管理的主要是来预测公司资金的需要量和筹集公司所需要的资金。

（二）破产清偿理财时期

20 世纪 30 年代，西方发生了经济危机，经济大萧条，许多企业纷纷破产倒闭，众多小公司被大公司兼并。这一阶段中，由于受外界环境影响，财务管理重点发生转移，主要问题企业破产、清偿和合并及对公司偿债能力的管理。

（三）资产管理理财时期

第二次世界大战以后，世界政治经济进入相对稳定时期，各国都致力于与发展本国经济。随着科学技术迅速发展、市场竞争日益激烈，企业要维持的生存和发展必须注重资金的日常周转和企业内部的控制管理。在这时期，计算机技术首次应用于财务分析和规划，计量模型也被逐渐应用于存货、应收账款等项目管理中，财务分析、财务计划、财务控制等也得到了广泛的应用。在这一阶段中，很显然财务管理的重点受经济发展的又一次发生改变，且财务研究方法、手段的改进加速财务理论的发展。

（四）资本结构、投资组合理财时期

到了 20 世纪 60 年代至 70 年代，随着经济的发展，公司规模的扩大，公司组织形式及运作方式也发生变化，资本结构和投资组合的优化成为这一时期财务管理的核心问题。此时，统计学和运筹学优化理论等数学方法引入到财务理论研究中，丰富了财务理论研究的方法。这一时期形成的"资产组合理论""资本资产定价模型"和"期权定价理论"等理论形成了近代财务管理学的主要理论框架。

综上所述，可以得出以下结论：①随着财务环境的变化，财务管理的重心都会有所变化；②研究方法的改进也会促进财务管理的发展。特别实际是信息技术、数学、运筹学、统计学等在财务上的应用，使财务管理研究从定性发展到定量化，更具操作性；③随着经济的发展，传统的财务管理对象不断补充着新的内容，从开始的股票、债券、到金融工具及其衍生品等并随着知识经济发展仍在变化着。

二、权变中的财务管理

随着时代的变迁，财务管理不断丰富发展。财务管理目标的实现是许多因素综合作用并相互影响的结果，通过上面的分析，笔者用下面的函数式表达出财务环境、财务目标、财务对象及财务方法、手段间的关系。

财务管理目标＝Σf（财务环境、财务对象、财务方法及手段）

通常情况下财务目标不会发生太大的变化，现在普遍接受的财务目标是企业价值最大化。一旦财务目标发生变化，则财务环境、财务对象，财务管理方式、手段三者至少有一个变量发生变化。财务目标一定的情况下，有公式可得出：

（1）当财务目标一定，财务管理对象不变的情况下，一旦财务环境发生变化，原来条件下的财务管理方式手段不能适应新的环境条件，因而财务管理的手段和方式应发生变化。从各时期发展财务管理的发展，可以看出随着历史发展、环境的改变，财务管理的重心也不断变化着。我们通过前面所描述通货膨胀时期的财务管理可以明显地看出，通货膨胀时，原来的方法是无法解决通货膨胀所带来的问题，所以必须改变管理方法及手段以适应管理需要，达到企业理财的目标。

（2）当财务目标一定，财务环境一定的情况下，当财务对象发生新的变化时管理方式和手段应随对象的变化而变化。如网上银行和"电子货币"的盛行，使资本流动更快捷，资本决策可以瞬间完成，企业势必改变传统的财务管理方法以适应经济的快速发展。

（3）当财务目标一定，财务环境不变的情况下，财务管理方法手段的变化会引起财务管理对象的变化。由于数学、计算机的应用使财务管理手段更加先进，才能出现众多的理论模型，比如资本资产定价模型、投资组合模型。

以上分析、推断可表明财务管理活动本身是权变的过程。

三、对策

权变理论认为：在企业管理中应依据不同的环境和管理对象而相应地选择不同的管理手段和方式，在管理中不存在适用于一切组织的管理模式。企业财务管理面临权变境地，应因权而变，要提高整个企业的财务管理水平，需从多方面综合分析入手。

（一）加强财务管理为中心

加强企业财务管理，提高财务管理水平，对增强企业核心竞争力具有十分重要的作用。企业必须以财务管理为中心，其他各项管理都要服从于财务管理目标，不能各自为政。企业在进行财务决策时要识别各种风险，采用一定的方法，权衡得失，选择最佳方案，必要时企业要聘请财务专家为企业量身定做财务预测、财务计划、财务预算等工作。只有知变，通变，掌握变化之道，才能使各个环节渠道畅通，提高财务管理效率，才能提高企业整体管理水平，才有可能在激烈的国际竞争中生存并发展下去。

（二）转变角色政府，改善理财环境

为适应经济发展，政府应转变角色，从领导者角色转向服务者，为企业的发展创造良好的政治、经济、政策、法律等宏观环境。

（三）大力发展财务管理教育与研究，提高企业财务管理水平

加快高校财务管理专业的改革及发展，培养大批高素质财务管理专业人才。同时加强对在职财务人员的继续教育，提高财务人员的整体素质。借鉴国际先进管理经验，结合实际加快财务管理理论研究，坚持理论与实践的结合，推进财务管理理论建设，为企业进行财务管理改革提供更多的科学的理论依据，从而提高我国企业财务管理整体水平。

第四节　基于企业税收筹划的财务管理

随着我国经济的不断深化发展，企业面临着越来越多来自国内外的挑战，企业必须不断地通过各种途径来提高自身竞争能力。企业进行税收筹划活动对提高财务管理水平、提高市场竞争力具有现实的意义。税收筹划是一种理财行为，属于纳税人的财务管理活动，又为财务管理赋予了新的内容。税收筹划是一种前期策划行为；税收筹划是一种合法行为。纳税人在实施税收筹划时，应注意以下几个问题：企业利益最优化；税收筹划的不确定性；税收筹划的联动性和经济性。

一、税收筹划的定义及特征

税收筹划是指纳税人在符合国家法律及税收法规的前提下，按照税收政策法规的导向，事前选择税收利益最大化的纳税方案处理自己的生产、经营和投资、理财活动的一种企业筹划行为。税收筹划具有以下特征：

（一）税收筹划是一种理财行为，为企业财务管理赋予了新的内容

传统的财务管理研究中，主要注重分析所得税对现金流量的影响。如纳税人进行项目投资时，投资收益要在税后的基础上衡量，在项目研究和开发时，考虑相关的税收减免，这将减少研究和开发项目上的税收支出。而这些增量现金流量可能会使原本不赢利的项目变得有利可图。在现实的经济生活中，企业的经营活动会涉及多个税种，所得税仅为其中的一个。税收筹划正是以企业的涉税活动为研究对象，研究范围涉及企业生产经营、财务管理和税收缴纳等各方面，与财务预测、财务决策、财务预算和财务分析环节密切相关。这就要求企业要充分考虑纳税的影响，根据自身的实际经营情况，对经营活动和财务活动统筹安排，以获得财务收益。

（二）税收筹划是一种前期策划行为

现实经济生活中，政府通过税种的设置、课税对象的选择、税目和税率的确定以及课税环节的规定来体现其宏观经济政策，同时通过税收优惠政策，引导投资者或消费者采取符合政策导向的行为，税收的政策导向使纳税人在不同行业，不同纳税期间和不同地区之间存在税负差别。由于企业投资、经营、核算活动是多方面的，纳税人和纳税对象性质的不同，其涉及的税收待遇也不同，这为纳税人对其经营、投资和理财活动等纳税事项进行前期策划提供了现实基础。税收筹划促使企业根据实际生产经营活动情况权衡选择，将税负控制在合理水平。若企业的涉税活动已经发生，纳税义务也就随之确定，企业必须依法纳税，即纳税具有相对的滞后性，这样税收筹划便无从谈起。从这个意义上讲，税收筹划是以经济预测为基础，对企业决策项目的不同涉税方案进行分析和决策，为企业的决策项目提供决策依据的经济行为。

（三）税收筹划是一种合法行为

合法性是进行税收筹划的前提，在此应注意避税和税收筹划的区别。单从经济结果看，两者都对企业有利，都是在不违反税收法规的前提下采取的目标明确的经济行为，都能为企业带来一定的财务利益。但它们策划的方式和侧重点却存在本质的差别；避税是纳税人根据自身行业特点利用税收制度和征管手段中的一些尚未完善的条款，有意识地从事此方面的经营活动达到少交税款的目的，侧重于采取针对性的经营活动；税收筹划是纳税人以

税法为导向，对生产经营活动和财务活动进行筹划，侧重于挖掘企业自身的因素而对经营活动和财务活动进行的筹划活动。避税是一种短期行为，只能注重企业当期的经济利益，随着税收制度的完善和征管手段的提高，将会被限制在很小的范围；而税收筹划则是企业的一种中长期决策，兼顾当期利益和长期利益，符合企业发展的长期利益，具有更加积极的因素。从这方面看，税收筹划是一种积极的理财行为。

企业作为市场竞争的主体，具有独立的经济利益，在顺应国家产业政策引导和依法经营的前提下，应从维护自身整体经济利益出发，谋求长远发展。税收作为国家参与经济分配的重要形式，其实质是对纳税人经营成果的无偿占有。对企业而言，缴纳税金表现为企业资金的流出，抵减了企业的经济利益。税收筹划决定了企业纳税时可以采用合法方式通过挖掘自身的因素实现更高的经济效益，这样企业在竞争中进行税收筹划活动便显得极为必要。

二、企业财务管理活动中进行税收筹划得以实现的前提条件

（1）税收政策税收法律法规的许多优惠政策为企业进行税收筹划提供了可能，但是，税收政策的轻微变化肯定会影响税收筹划的成功与否。目前，在经济全球一体化的大背景下，各国为了吸引资本和技术的流入，都在利用税收对经济的杠杆作用，不断调整税收政策，即税收筹划方案不是一成不变的，它会随着影响因素的变化而变化，所以在进行税收筹划时应不断地了解税收方面的最新动态，不断完善筹划方案，使筹划方案更适合企业的需要。目前，我国实施了《行政许可法》，使得税务部门对纳税人有关涉税事项由事前审批变为事后检查，为企业在会计政策的选择上给了更多的选择权，为税收筹划创造了更大的空间。

（2）企业的发展战略企业在制定发展战略时，必然会考虑宏观的环境和自身经营情况，宏观的环境包括各地区的税收政策，但税收政策并不总是有利于企业的经营战略。所以，企业在权衡利弊以后制定出的发展战略则更需要通过税收筹划来尽量减少各种不利的影响。

三、税收筹划在财务管理中的应用

税收筹划涉及企业与税收有关的全部经济活动，在财务管理中税收筹划分析的角度有很多，在此仅对税收筹划应用结果的表现形式进行简要的分析。

（一）通过延期纳税，实现财务利益

资金的时间价值是财务管理中必须考虑的重要因素，而延期纳税直接体现了资金的时间价值。假定不考虑通货膨胀的因素，企业的经营环境未发生较大变化。在某些环节中，

在较长的一段经营时期内交纳的税款总额不变，只是由于适用会计政策的不同，各期交纳税款不同。根据会计准则和会计制度规定，企业采用的会计政策在前后各期保持一致，不得随意改变。如存货成本确定和提取折旧等对企业所得税的影响，从理论上讲，购置存货时所确定的成本应当随该项存货的耗用或销售而结转，但是由于会计核算中采用了存货流转的假设，在期末存货和发出存货之间分配成本，存货计价方法不同，对企业财务状况、盈亏情况会产生不同的影响，进而对当期的企业所得税有一定的影响。折旧提取与此类似，采用不同的折旧提取方法各期提取折旧的数额不同，对当期的企业所得税的数额有不同的影响。但从较长时期看来，企业多批存货全部耗用和固定资产在整个使用期限结束后，对企业这一期间的利润总额和所得税款总额并未有影响。税收筹划起到了延期纳税的作用，相当于得到了政府的一笔无息贷款，实现了相应的财务利益，另外，纳税人拥有延期纳税权，可直接利用延期纳税获得财务利益。企业在遇到一些未预见的事项或其他事件时如预见到可能出现财务困难局面时，可以依据税收征管法提前办理延期纳税的事项，甚至可以考虑在适当的期间内以交纳税收滞纳金为代价的税款延期交纳以解企业的燃眉之急，为企业赢得有利的局面和时间，来缓解当前财务困难的情况。

（二）优化企业税负，实现财务利益

一是对从事享有税收优惠的经营活动或对一些纳税"界点"进行控制，直接实现财务利益。如税法规定企业对研究开发新产品、新技术、新工艺所发生开发费用比上年实际发生数增长达到 10%（含 10%）以上（此处 10% 即是一个界点），其当年发生的技术开发费除按规定可以据实列支外，年终经主管税务机关审核批准后，可再按其实际发生额的50% 直接抵扣当年的应纳税所得额，增长额未达到 10% 以上的，不得抵扣。企业的相关费用如接近这一界点，应在财务能力许可的情况下，加大"三新费用"的投资，达到或超过 10% 这一界点，以获取财务利益。这方面的例子很多，不再一一列举。

二是对经营、投资和财务活动进行筹划，间接获得相应的财务利益。如企业的融资决策，其融资渠道包括借入资金和权益资金两种。无论从何种渠道获取的资金，企业都要付出一定的资金成本。两者资金成本率、面临的风险和享有的权益都不同，其资金成本的列支方法也不同，进而将直接影响企业当期的现金流量。

四、应注意的几个问题

税收筹划作为一种财务管理活动，对企业的经济行为加以规范的基础上，经过精心的策划，使整个企业的经营、投资行为合理合法，财务活动健康有序。由于经济活动的多样性和复杂性，企业应立足于企业内部和外部的现实情况，策划适合自己的筹划方案。

（一）企业的利益最优化

税收筹划是为了获得相关的财务利益，使企业的经济利益最优化。从结果看，一般表现为降低了企业的税负或减少了税款交纳额。因而很多人认为税收筹划就是为了少交税或降低税负。笔者认为这些都是对税收筹划认识的"误区"。应当注意的是，税负高低只是一项财务指标，是税收筹划中考虑的重要内容，税收筹划作为一项中长期的财务决策，制定时要做到兼顾当期利益和长期利益。在某一经营期间内，交税最少、税负最低的业务组合不一定对企业发展最有利。税收筹划必须充分考虑现实的财务环境和企业的发展目标及发展策略，运用各种财务模型对各种纳税事项进行选择和组合，有效配置企业的资金和资源，最终获取税负与财务收益的最优化配比。

（二）税收筹划的不确定性

企业的税收筹划是一项复杂的前期策划和财务测算活动。要求企业根据自身的实际情况，对经营、投资、理财活动进行事先安排和策划，进而对一些经济活动进行合理的控制，但这些活动有的还未实际发生，企业主要依靠以往的统计资料作为预测和策划的基础和依据，建立相关的财务模型，在建立模型时一般也只能考虑一些主要因素，而对其他因素采用简化的原则或是忽略不计，筹划结果往往是一个估算的范围。而经济环境和其他因素的变化，也使得税收筹划具有一些不确定因素。因此，企业在进行税收筹划时，应注重收集相关的信息，减少不确定因素的影响，应该据此编制可行的纳税方案，选择其中最合理的方案实施，并对实施过程中出现的各种情况进行相应的分析、使税收筹划的方案更加科学和完善。

（三）税收筹划的联动性和经济性

在财务管理中，企业的项目决策可能会与几个税种相关联，各税种对财务的影响彼此相关，不能只注重某一纳税环节中个别税种的税负高低，要着眼于整体税负的轻重，针对各税种和企业的现实情况综合考虑，对涉及的各税种进行相关的统筹，力争取得最佳的财务收益。但这并不意味着企业不考虑理财成本，对经营期间内涉及的所有税种不分主次，统统都详细的分析和筹划。一般而言，对企业财务活动有较大影响且可筹划性较高的税种如流转税类、所得税类和关税等；而对于其他税种，如房产税、车船使用税、契税等财产和行为税类，筹划效果可能并不明显。但从事不同行业的企业，所涉及的税种对财务的影响也不尽相同，企业进行税收筹划时，要根据实际的经营现实和项目决策的性质，对企业财务状况有较大影响的税种可考虑其关联性，进行精心筹划，其他税种只需正确计算缴纳即可，使税收筹划符合经济性原则。

随着市场经济体制的不断完善，企业必须提高竞争能力以迎接来自国内、国际市场两方面的挑战。财务管理活动作为现代企业制度重要构成部分，在企业的生存、发展和获利的方面将发挥越来越重要的作用。税收筹划树立了一种积极的理财意识，对于一个有发展前景和潜力的企业，这种积极的理财意识无疑更加符合企业的长期利益。

第五节　区块链技术与财务审计

传统会计的工作方式和会计概念体系由于区块链可以针对交易创建一个分布式数据库。在这一分布式账簿体系中，所有交易的参与者都能将交易数据存储一份相同的文件，可以对其进行实时访问和查看。对于资金支付业务来说，这种做法影响巨大，可以在确保安全性和时效性的基础上分享信息。区块链的概念对财务和审计有着深远影响。随着财务会计的产生和发展，企业财务关系日益复杂化。特别是工业革命兴起，手工作坊被工厂代替，日益需要核算成本并进行成本分析，财务管理目标从利润最大化发展到股东权益最大化。进入信息时代以来，互联网技术日益发展，企业交易日益网络化，产生大量共享数据，人们开发了企业资源计划的会计电算化软件和基于客户关系的会计软件，传统企业进行业务交易，为了保证客观可信，通过各种纸质会计凭证反映企业间经济关系真实性，在互联网时代，企业进行业务往来可以通过区块链系统实现两个节点数据共享，以云计算、大数据为代表的互联网前沿技术日益成熟，传统财务管理以成本、利润中心分析模式被基于区块链无中心财务分析替代。由此可见，区块链技术的应用对财务、审计发展的影响是极为深远的。

一、区块链的概念与特征

所谓区块链就是一个基于网络的分布处理数据库，企业交易数据是分散存储于全球各地，如何才能实现数据相互链接，这就需要相互访问的信任作为基础。区块链通过基于物理的数据链路将分散在不同地方的数据联合起来，各区块数据相互调用其他区块数据并不需要一个作为中心的数据处理系统，它们可通过链路实现数据互链，削减现有信任成本、提高数据访问速率。区块链是互联网时代的一种分布式记账方式，其主要特征有以下几点。

（一）没在数据管理中心

区块链能将储存在全球范围内各个节点的数据通过数据链路互联，每个节点交易数据能遵循链路规则实现访问，该规则基于密码算法而不是管理中心发放访问信用，每笔交易数据由网络内用户互相审批，所以不需要一个第三方中介机构进行信任背书。对任一节点攻击，不能使其他链路受影响。而在传统的中心化网络中，对一个中心节点实行有效攻击即可破坏整个系统。

（二）无须中心认证

区块链通过链路规则，运用哈希算法，不需要传统权威机构的认证。每笔交易数据由网络内用户相互给予信用，随着网络节点数增加，系统的受攻击可能性呈几何级数下降。在区块链网络中，参与人不需要对任何人信任，只需相互信任，随着节点增加，系统的安全性反而增加。

（三）无法确定重点攻击目标

由于区块链采取单向哈希算法，由于网络节点众多，又没中心，很难找到攻击把子，不能入侵篡改区块链内数据信息。一旦入侵篡改区块链内数据信息，该节点就被其他节点排斥，从而保证数据安全，由于攻击节点太多，无从确定攻击目标。

（四）无须第三方支付

区块链技术产生后，各交易对象之间交易后，进行货款支付更安全，无须第三方支付就实现交易。从而解决由第三方支付带来的双向支付成本，从而降低成本。

二、区块链对审计理论、实践产生的影响

（一）区块链技术对审计理论体系影响

1. 审计证据变化

区块链技术的出现，传统的审计证据发生改变。审计证据包括会计业务文档，如会计凭证。由于区块链技术出现，企业间交易在网上进行，相互间经济运行证据变成非纸质数据，审计对证据核对变成由两个区块间通过数据链路实现数据跟踪。

2. 审计程序发生变化

传统审计程序从确定审计目标开始通过制定计划、执行审计到发表审计意见结束。计算机互联网审计要求采用白箱法和黑箱法对计算机程序进行审计，以检验其运行可靠性，在执行审计阶段主要通过逆查法，从报表数据通过区块链技术跟踪到会计凭证，实现数据客观性、准确性审计。

（二）区块链技术对审计实践影响

1. 提高审计工作效率、降低审计成本

计算机审计比传统手工审计效率高，区块链技术产生后，对计算机审计客观性、完整性、永久性和不可更改性提供保证，保证审证具体目标实现，区块链技术产生后，人们利用互联网大数据实施审计工作，大大提高审计效率。解决了传统审计证据不能及时证实，不能满足公众对审计证据真实、准确的要求。也不能满足治理层了解真实可靠会计信息，

实现对管理层有效监管的难点。在传统审计下，需要通过专门审计人员运用询问法对公司相关会计信息发询证函进行函证，从而需要很长时间才能证实，无论是审计时效性，还是审计耗费上都不节约，而计算机审计，尤其是区块链技术产生后，审计进入网络大数据时代，分布式数据技术能实现各区块间数据共享追踪，区块链技术保证这种共享的安全性，其安全维护成本低。由于区块链没有管理数据中心，具有不可逆性和时间邮戳功能，审计人员和治理层、政府、行业监管机构可以通过区块链及时追踪公司账套数据，从而保证审计结论正确性，计算机自动汇总计算，也保证审计工作底稿等汇总数据快速高效。

2. 改变审计重要性认定

审计重要性是审计学中重要概念，传统审计工作通过在审计计划中确定审计重要性指标作为评价依据，审计人员通过对财务据表数据进行计算，确定各项财务指标，计算重要性比率和金额，通过手工审计发现会计业务中的错报，评价错报金额是否超过重要性金额，从而决定是否进一步审计程序。而在计算机审计条件下，审计工作可实现以账项为基础详细审计，很少需要以重要性判断为基础的分析性审计技术。

3. 内部控制的内容与方法也不同

传统审计由于更多采用以制度基础审计，更多运用概率统计技术进行抽样审计，从而解决审计效率与效益相矛盾问题。区块链技术产生后，人们运用计算机审计，审计的效率与效果都提高。虽然区块链技术提高计算机审计安全性，但计算机审计风险仍存在，传统内部控制在计算机审计下仍然有必要，但其内容发生变化，要求人们更重视计算机及网络安全维护，重视计算机操作人员岗位职责及岗位分工管理与监督。内部控制评估方法也更多从事后调查评估内部控制环境，到过程中运用视频监控设备进行实时监控。

三、区块链技术对财务活动影响

（一）对财务管理中价格和利率影响

基于因特网的商品或劳务交易，其支付手段形式更多表现数字化、虚拟化，网上商品信息传播公开、透时、无边界与死角。传统商品经济条件下信息不对称没有了，高品价格更透明了。财务管理中运用的价格、利率等分析因素不同以前；边际贡献、成本习性也不同。

（二）财务关系发生变化

所谓财务关系就是企业资金运动过程中所表现的企业与企业经济关系，区块链运用现代分布数据库技术、现代密码学技术、将企业与企业以及企业内部各部门联系起来，通过大协作，从而形成比以往更复杂的财务关系。企业之间资金运动不再需要以货币为媒介，传统企业支付是以货币进行，而现代企业支付是电子货币，财务关系表现为大数据之间关系，也可以说是区块链关系。这种关系减少了不少地方关系。

（三）提高了财务工作的效率

1. 直接投资与融资更方便

传统财务中，筹资成本高，需中间人参与，如银行等。区块链技术产生后，互联网金融得到很大发展，在互联网初期，网上支付主要通过银行这个第三方进行。区块链能够实现新形式的点对点融资，人们可通过互联网，下载一个区块链网络的客户端，就能实现交易结算，投资理财、企业资金融通等服务，并且使交易结算、投资、融资的时间从几天、几周变为几分几秒，能及时反馈投资红利的记录与支付效率，使这些环节更加透明、安全。

2. 提高交易磋商的效率

传统商务磋商通过人员现场交流沟通，对商品交易价格、交易时间、交货方式等进行磋商，最后形成书面合同，而在互联网下，由于区块链技术保证网上沟通的真实、安全有效，通过网上实时视频磋商，通过网络传送合同，通过区块链技术验证合同有效性，大大提高了财务业务的执行效率。

（四）财务的成本影响

1. 减少交易环节，节省交易成本

由于区块链技术使用，电子商务交易能实现点对点交易结算，交易数据能同 ERP 财务软件协同工作，能实现电子商务交易数据和财务数据及时更新，使得资金转移支付不需通过银行等中介，解决双向付费问题，尤其在跨境等业务中，少付许多佣金和手续费用。

2. 降低了信息获取成本

互联出现后，人们运用网络从事商务活动，开创商业新模式，商家通过网络很容易获得商品信息，通过区块链技术，在大量网络数据中，运用区块链跟踪网络节点，可以监控一个个独立的微商业务活动，找到投资商，完成企业重组计划，也可通过区块链技术为企业资金找到出路，获得更多投资收益。可见，区块链降低财务信息获取成本。

3. 降低了信用维护成本

无数企业间财务数据在网络上运行，需要大量维护成本，如何减少协调成本和建立信任的成本，区块链技术建立不基于中心的信用追踪机制，人们能通过区块链网络检查企业交易记录、声誉得分以及其他社会经济因素可信性，交易方能够通过在线数据库查询企业的财务数据，来验证任意对手的身份，从而降低了信用维护成本。

4. 降低财务工作的工序作业成本

企业财务核算与监督有许多工序，每一工序都要花费一定成本。要做好企业财务工作，保证财务信息真实性，必须运用区块链技术，由于其无中心性，能减少财务作业的工序数量，节省每一工序时间，在安全、透明环境下保证各项财务工作优质高效完成，从而总体上节约工序成本。

第六节　财务管理信息化研究

当今时代是互联网的时代，也是信息技术高速发展并不断改变人类生活环境的时代。在这个时代下，人们之间的交流日益便利，信息的获取、资源的使用、业务的开展更加顺畅。同时，市场所面临的不确定性因素也越来越多，各类组织机构要想紧跟时代发展的脚步、焕发出新的生机和活力，仅依靠传统的人或机器进行经营管理活动很难做到。其中，财务管理作为组织管理中重要的一环，所要处理的数据复杂、烦琐，更需要便利化、快捷化、信息化的处理工具来辅助财务人员进行预算、内控、风险管理等业务。本节在简要分析信息化在财务管理中所发挥的重要作用的基础之上，提出各类组织在实现财务管理信息化进程中的注意点，希望对推进财务管理信息化进程有所启示。

一、财务管理信息化的重要性分析

（一）提高财务管理的效率和质量

传统的依靠人力进行财务核算、管理、监控的模式效率比较低，在人员信息收集、数据整理过程中难免会发生因人员操作失误而出现纰漏的状况。随着信息技术与专业会计处理软件的不断完善，组织内部的财务处理模式也经历了由人工核算转到依靠用友、金蝶会计处理软件开展财务管理工作再到现在使用可将组织经营各环节进行融合的 ERP 系统的过程。在这个转变过程中，各组织机构的财务管理效率得到了极大的提升，财务管理人员可从原有的烦琐数据收集、整理工作中解放出来，将财务管理的关注点放到与组织经营目标相匹配的关键环节中去，财务管理工作的质量有了显著的提高。信息化财务处理软件发挥作用的机制从以下几方面得以显现。首先，从信息收集方面来看，借助信息化技术如内部网可将原有零散化的各部门数据集合起来，各部门可通过内部沟通渠道将各自业务开展过程中所发生的财务信息传递给财务管理部门，使该部门人员快速获取其所需要的信息，减少信息收集的时间，提高财务管理工作的效率；其次，信息化技术可以实现财务管理各系统之间的对接，实现财务管理工作的整体化和一体化。专业化分工是现代劳动的特点，它可以最大化发挥员工的专业技能和水平、减少工作转换所造成的时间浪费。对于财务管理工作而言也是如此，那些财务管理完善、水平较高的大型企业，不同的财务管理工作由不同的人员负责，如有人负责全面预算管理，有人重点进行内控机制的建设，其所使用的系统软件和工具可能也会有所差别。而将这些系统、部分连接起来形成系统化的财务管理就需要信息技术，通过信息化的平台实现各系统和人员的对接。

（二）加强资金监管

对于财务管理工作而言，资金管理是中心环节。该项管理是一项贯穿组织机构全程的工作，不仅在各部门经营业务完成后对其资金使用明细进行核查，还包括资金使用前的规范和管理。从企业招标入手，配备专业人员负责该项活动，通过谈判的形式与投标公司达成共识，在保障质量的前提下将企业所需物资的价格降至最低，进行新产品开发之前，对新产品开发的可行性进行分析，在进行充分的市场调查的情况下开展产品研发活动，将后期新产品研发失败所带来的风险降至最低。那么，如何借助信息化技术实现资金管理环节的高效化、廉洁化是财务管理部门应该考虑的重点问题。首先，借助信息化的工具，组织可以对机构内部经营活动的流程进行优化，将不必要的环节去除，对存疑的环节进行调整，实现采购、生产等部门与财务管理部门的直接对接，将各部门资金的使用情况直接置于财务人员的监管之下，减少资金在中间过程中的浪费和贪污。其次，通过直接的信息对接，财务管理部门能够及时掌握各资金使用部门的需求和实际使用状况，为制定资金使用计划、审核资金账目提供充足的数据支持。

（三）精确财务预算

预算管理是企业财务管理的另一个重要方面。对于预算管理而言，信息化工具和手段的使用可以从改善预算编制、加强预算控制、便利预算反馈三个方面提升预算管理的质量，进而提高整个组织内部的财务管理水平。从预算编制来看，信息化财务管理工具的普及使得财务管理部门能在较短的时间内收集到组织内部的财务历史数据和实际部门需要，最大限度的实现组织资金、固定资产、原材料等预算编制的精确性，为后期具体工作的开展提供指导依据。从预算控制来看，通过信息化的沟通渠道，财务管理部门可对预算方案的执行情况进行监督，对因环境变动而出现的预算与实际需要不匹的状况及时修正，根据现实需要调整预算方案；对于因人员自身纰漏而出现的预算执行未到位的情况，根据纰漏程度对相关人员进行追责，保障预算方案的执行。从预算反馈来看，及时性的预算方案执行效果的反馈是高层进行战略规划与部署所需要的信息之一，在一定程度上影响着组织的长远经营走向。因此通过信息化手段，预算部门可以将预算执行效果及时反馈给上级主管，为上级部门把握组织经营状况、资金、物料使用状况提供数据。

二、推进财务管理信息化进程的注意点

（一）构建与信息化相匹配的人才队伍

组织活动最基本的元素是人，财务管理信息化过程的推进离不开人才队伍的配置。对于组织而言，要想实现信息化系统的落实和推进，构建起相匹配的人才队伍需要从以下几个方面入手。

首先，转变财务人员的财务管理意识。原有的财务管理工作仅仅局限在财务管理部门，不管是信息的收集、预算的制定还是报表的生成都是由财务管理人员一手包办，财务管理人员所关注的焦点集中在当前组织的财务行为上面，财务管理工作还未与组织战略进行连接。而信息化财务处理工具的使用使得各部门之间、各职员之间的沟通更加密切，财务管理工作不仅仅只由财务部门负责，其他部门和人员有义务为财务管理工作提供实时信息和自己的建议。因此，财务管理人员要转变自身的财务管理理念，重视信息化工具在财务管理中的使用，主动学习并使用该工具，同时，将资源的共享观念贯彻到财务管理的过程中去，做好财务管理与战略之间的对接，专注组织未来经营发展的需要。其次，加大培训力度和范围，提高财务人员的专业技能和基本技能。与传统的财务管理相比，信息化的财务管理模式对员工的要求更高，其不仅需要掌握专业的财务处理、核算技能和理论知识，还需要学习信息化系统的使用操作知识。这就需要企业在进行财务人员培训的过程中做好课程的设计与安排，针对现有的财务管理人员设计培训内容和项目，选择合适的培训方式对内部员工进行培训。最后，构建与信息化相匹配的人才队伍除了对现有人员进行培训外，还可以通过招聘的形式重塑人员结构。在招聘的过程中，采取人力资源部门主导、财务部门辅助的形式对应聘人员的财务管理素养、计算机操作技能、会计处理软件使用情况进行考察，从源头上提高人才队伍的整体水平。

（二）配置相关的基础设施

信息化平台的建立不是财务管理信息化的终点。要想使新建立起来的工具发挥其内在的作用，必须保证该工具能够有效贯彻落实下去，也就是说，财务管理信息化的推进需要组织内部其他机制的配合。首先，结合国家的相关法律规定制定适合组织内部的财务管理信息化制度。该制度不仅要包含信息化流程中各部门应有的职责和权力，还应该明确财务评价的指标和要素，对于不按照制度办事的员工和部门给予一定的惩罚。其次，做好信息系统的安全保护工作。信息化的财务管理模式在给组织带来便利的同时也带来了一定的风险，其中之一便是网络安全问题。一旦组织网络受到非法攻击，组织内部的信息和资源很可能被不法分子利用，对组织的经营带来威胁。各机构在使用信息技术构建财务管理系统的同时要配置相应的安全机制与软件，将网络风险控制在自身可以掌控的范围之内。最后，便捷、快速的沟通渠道是信息化财务管理中不可缺少的基础配置。借助正式或非正式的沟通网络，组织各部门之间的无形壁垒荡然无存，各部门可以及时分享资源和信息，形成强大的监督合力，对财务管理工作进行监督。

第七节 网络环境下的财务管理

近年来，互联网平台的发展由快速走向成熟，各行各业的发展也越来越离不开网络的支撑，企业的财务管理在网络环境的推动下，也不得不改变传统的财务管理方式，并将财务软件、计算机技术等与财务相关的内容重新规划并纳入企业管理的范围，而电子商务也逐渐成为企业的核心经营板块。企业财务管理的变革不仅促进了企业管理的数字化、信息化进程，而且加快了企业电子商务的发展，更加规范了企业的管理流程，同时，网络平台的应用也给企业带来了巨大的影响和挑战。因此，在这种背景下，企业将如何创新和变革财务管理才能适应未来社会发展的需要，这正成为每个企业关注的重要问题。

一、网络环境下企业财务管理模式的特点

（一）数据实时传递，有利于加强内部控制

网络信息系统的应用改变了传统财务管理中财务数据不能及时传递的弊端，在网络环境下，企业财务信息系统可以实现对数据的实时传递、资源共享以及监控反馈等功能，随时可以更新企业各个环节的数据，并将数据传递给信息使用者，这更能体现财务数据的真实性。同时，通过及时反馈得来的财务数据，也加强了对企业的内部控制，从而提高企业的财务管理水平。

（二）运行环境更加开放

在网络环境下，企业可以利用财务软件的兼容性特点，将财务数据在其中的计算机端口输入，那么其他链接的终端设备就可以进行查询、分享、下载这些数据。这不仅大大减少了重复输入数据的时间，提高了工作效率，而且为信息使用者提供了第一手资料，从而发挥了财务管理的指导作用。

（三）数据信息更加集中

传统的财务数据体现在报表上，数据分散且没有关联性，要想获得数据之间的联系，需要花费很长的时间。而系统的财务软件的应用，让企业的财务数据前后更能衔接起来，可以针对不同的要求将数据分组，数据之间即相互独立又相互关联，更加方便企业管理者利用、分析及使用数据。

二、网络环境对企业财务管理的影响

网络环境对企业财务管理的影响主要体现在以下三点：

（一）加大了财务系统的安全问题

网络信息系统的应用，在一定程度上给企业财务数据的使用带来了方便，但也使得数据信息更加不容易被控制，面临着严重的安全问题。一方面，由于网络具有全球性、开放性的特点，因此，网络本身存在着不安全性。网络环境并不稳定，一旦遭受不明病毒等因素的入侵，就会给企业数据造成严重的损失，从而影响企业财务管理工作，进而损害到企业的利益；另一方面，在使用财务管理软件时，要严格设置访问财务管理系统的权限，才能防止财务信息不被人为修改，保证财务信息的准确性、真实性和可靠性，这无疑提高了对网络财务系统的安全性要求。

（二）转变了财务管理的职能

网络财务管理在运行当中，能够实现财务信息与企业数据资源的实时共享和反馈，这直接体现了财务对企业的内部控制和管理，因此，财务管理的核心也逐渐由传统的财务核算向财务控制转变。财务人员的职能不再是单一核算，而是更多地参与到企业的管理当中。财务职能的这种转变更有利于发挥财务管理的核心作用，同时这也提高了对财务管理人员的要求。

（三）财务报表要求更加规范

网络财务管理具有固有的流程和模式，它具有自动生成记账凭证、编制财务报表的功能，财务报表上的数据之间是可以进行相互比较的，这大大提高了财务数据的真实性和可比性，使财务管理更加规范化和标准化。因此，在使用财务报表时，这就要求财务工作人员要提高其专业能力和综合素质，才能适应企业规范化的管理要求。

三、网络环境下企业财务管理创新的思路

通过对企业财务管理特点以及影响的分析，可以看出，企业要想实现最终目标，获得利益最大化，就必须不断适应网络经济的新环境，积极探索财务管理的新模式，不断改变传统的财务管理方法，变革财务管理机制才能满足社会的发展要求。因此，在目前网络化发展的环境下，企业要想实现财务管理的网络化和信息化，必须要做好以下方面的工作：

（一）创新财务管理模式

在网络环境下，企业的财务管理模式由原有的分散的、局部的管理模式向更加集中的

方式转变，企业要充分利用网络的特点和优势，对企业的财务数据进行远程报账、查账、监控库存、经营业绩等数据进行监控，充分调动和利用财务网络系统的实时数据资源，以便于及时掌握企业的财务状况，从而规避财务风险。这种管理模式的创新，使企业能够实现集中式管理，对企业的资源进行合理的整合和配置，最终才能提高企业的竞争力。

（二）创新企业财务核算内容

传统的企业主要依靠土地、设备以及厂房等资产的多少来决定企业的竞争力，这些也构成了企业财务核算的主要内容。但是，随着网络化的快速发展，企业已经将核算的重心转移到基于内外供应链管理的会计信息管理和决策分析方面。新的发展环境要求人人都是企业财务信息的处理者，因此企业的每个员工都要协助企业的管理者做好产品设计规划、产品种类、产品销量等方面的工作，才能为企业创造最大化的利润。

（三）健全财务管理系统的安全保障体系

由于财务数据直接反映了企业的资产状况、负债情况、利润收益以及现金流量等内部信息，更体现了企业的经营运行情况。因此，财务数据信息的真实性和安全性就变得十分重要。这种情况下，安全问题也是企业应该考虑的首要问题。所以，企业在使用网络财务管理系统时，要针对网络的漏洞和安全问题，创建以数字化技术为先导，以市场化需求为标准，综合运用互联网的多媒体技术、超文本等技术，建立起具有动态的、实时的、可监控的财务系统，从而形成具有多层次、立体化的财务安全保障体系。

（四）创新企业财务管理人员培训体系

创新企业的财务管理，首先要改变传统的财务管理理念，摒弃以前的以"资金"为中心的管理理念，因此，企业应该打破传统的收益分配格局，逐步创新并建立起责权利相结合的分配理论和财务运行机制，这样才能充分调动员工的积极性，实现企业的管理目标。企业的价值不再只是体现在企业拥有的债券、股票价值、企业规模以及经营收益上，而提倡"以人为本"的管理理念，并将人才作为企业经济发展的核心。因此，在以数字化、网络化和信息化技术为先导的新环境下，企业在转变财务管理理念后，要更加注重对财务人员进行网络技术以及业务操作等内容的培训，才能提高财务相关人员的思想觉悟和业务操作水平，有效提高财务人员的管理及创新能力，也才能真正实现企业"以人为本"的管理模式。主要做好以下培训工作：一是首先将员工根据工作经历、背景、学历、能力等条件进行分组，针对已经掌握财务管理和经济理论基础的管理人员可以通过进一步培训现代网络技术，将他们所学的经济学、会计学、网络技术等有机地结合起来，才能帮助他们全方位的、多角度的分析新经济环境发展的需要，从而给企业的领导者提供有价值的财务决策信息；二是针对没有网络基础的基层财务人员，制定适合他们学习的课程，通过技术培训，增加他们的网络基础知识，从而提高他们对企业经营状况的评估和分析能力。因此，只有不断加强对财务人员的网络技术培训，才能提高企业财务人员的整体水平。

在当前互联网技术、信息技术突飞猛进的现代社会，企业要想获得发展，就得及时了解社会经济发展的新趋势，变革传统财务管理的模式和方法，通过创新企业财务核算内容、加强企业财务管理安全保障体系、创新企业财务管理人员培训体系等方面，全面提高企业的核心竞争力，最终实现企业的可持续发展目标。

第五章 企业营运资金管理模式

第一节 企业营运资金管理

一、我国企业营运资金管理存在的问题

（一）流动资金不足

目前，我国企业普遍存在流动资金短缺的情况，面临着营运资金风险。作为社会资源的一种体现，资金包括流动资金的紧缺是在所难免的。但是，这种流动资金的紧缺状况已经超出了理性的极限，诸多不合理因素的存在严重干扰了各企业个体和全社会总体的营运资金运转。营运资金作为维持企业日常生产经营所需的资金，与企业经营活动的现金循环密切相关，营运资金不足将直接影响企业交易活动的正常进行，另一方面，企业要扩充规模或者转产经营，也会因得不到必要的资金而一筹莫展。

（二）营运资金低效运营

企业营运资金低效运营的情况十分普遍，主要表现为以下几点。

（1）流动资金周转缓慢，流动资产质量差，不良资产比重较大。应收账款数量普遍增高，且相互拖欠情况比较严重，平均拖欠时间增长，应收账款中有很大一部分发生坏账的可能性较大。在计划经济向市场经济转轨过程中，由于许多企业对市场认识不足，盲目进行生产，导致产品结构不合理，竞争力差，原材料、产成品、半产品等存货不断积压，占用了企业大量资金。此外，部分企业存货的账面价值大大高于其市价，但高出部分并没有被及时摊入企业成本费用中，造成存货中包含大量"水分"。

（2）应付账款使用率差距大。我们知道，应付账款周转期越短，说明企业的偿债能力越强，无限制延长应付账款周转天数，会降低企业信用等级。但是企业若能在一定期限内有效地使用商业信用这种无息借款，必然会减轻企业的利息负担，增加收益。在我国，由于企业信用体系不健全，部分大企业利用自身的信用优势，过分地依靠应付账款融资，

造成应付账款的周转率极低；而小企业由于自身原因，较难获得商业信用；还有一些具备利用商业信用条件的企业却抱着"不欠债"的传统保守观念，放弃了这种无息的资金来源。应付账款融资方式在各企业中没有达到充分而有效的利用，降低了营运资金的运营效率。

（3）流动资金周转缓慢，迫使企业大量借入流动资金，利息的压力又加剧了企业的亏损状况，使企业营运资金周转呈现出恶性循环的局面。

（三）营运资金管理弱化

企业的营运资金管理混乱，缺乏行之有效的管理措施和策略，也是当前企业存在的重要问题之一。

（1）现金管理混乱。流动性最强、获利能力最低是现金资产的特点。现金过多或不足均不利于企业的发展。部分企业，尤其是广大中小企业，财务管理机构不健全、财务人员短缺，没有制定合理可行的最佳现金持有量，编制现金预算，并采取有效措施对现金日常收支进行控制。现金管理有很大的随意性，经常出现没有足够的现金支付货款和各种费用或现金过剩现象，这种对现金的粗放型管理模式是不能适应市场竞争趋势的。

（2）应收账款控制不严，资金回收困难。很多企业业务收入的连年增长并没有带来利润的持续增长，主要原因就是同期应收账款数额增长的比例更大，而且账龄结构越来越趋于恶化，经营净现金流量持续为负。

二、完善企业营运资金管理的对策

（一）改善企业外部环境

（1）政府应在进一步明确政企关系、加快企业制度改革的基础上，进一步完善财政体制改革，为企业形成资本积累机制创造宽松的环境。同时积极推行现代企业制度，充分利用现代企业科学的治理结构，明确各方的责权利，使企业做到彻底的自主理财。企业必须能够真正从其对资产增值的关心上获得增强积累和有效分配投资的内在动力。这样，才能自觉注重资金积累，成为真正意义上的独立经济实体。

（2）规范企业的利润分配。当前有些企业，只注重实惠不考虑企业的生产发展后劲，以各种名义乱发奖金或用于福利建设，从而挤占生产资金。考虑到流动资金紧张状况，企业的利润分配应坚持积累优先原则，首先满足生产经营之需要，然后再将税后利润在投资者之间进行分配。

（二）改变企业经营观念，强化企业内部管理

①认真做好营运资金计划，事先掌握各流动项目和资本支出的变动趋势，预先消除影响营运资金状况的消极因素。②加强营运资金管理的制度建设，做到规范、合理和有序的管理，提高管理层次和水平。③建立营运资金管理考核机制，加强企业内部审计的监督力

度。第四，加强企业财务预算，提高企业运营效率。通过制定预算，不仅有助于预测风险并及时采取有效措施防范风险，还可以协调企业各部门的工作，提高内部协作的效率。

（三）控制固定资产投资规模，防止不良流动资产

固定资产投资的特点是，一次性全部投入，且占用资金较大，而资金的收回则是分次逐步实现的。固定资产收回是在企业再生产过程中，以折旧的形式使其价值脱离实物形态，转移到生产成本中，通过销售实现转化为货币资金的，这种资金的回收往往是缓慢的。由于投资的集中性和回收的分散性，要求我们对固定资产投资，必须结合其回收情况进行科学规划。避免出现企业在实际经营过程中，过分追求投资规模，扩大生产能力，而影响营运资金正常运作的情况。不良流动资产主要是指不能收回的应收款项和不能按其价值变现的积压、变质和淘汰的存货。这些不良流动资产产生的主要原因在于管理问题，并会直接导致营运资金的流失，使企业遭受经济损失。防止不良流动资产的产生应做好以下几方面工作：产品以销定产，确定货款回收责任制，与信誉好的用户制定回款周期，保证及时收回货款；在会计核算方面采取谨慎原则，按规定提取坏账准备金，以防止坏账的发生；把好物资采购关，防止采购伪劣物资，并做好仓库物资保管工作，及时维护各类物资，防止变质和损坏；合理确定物资储备定额，防止过量储备，根据市场情况及时调整，对供大于求的物资，按月需求量订货结算，甚至采取无库存管理。

第二节　营运资金的周转

随着社会经济及全球化进程的不断发展，我国及国际的市场经济竞争愈发激烈，要求我国企业在此情况下不断提升各方面的管理、运营能力，增强自身综合竞争力，以面对当下日益增加的竞争压力。而营运资金周转效率作为企业资金管理中的重要组成部分，需要企业负责人不断提高自身运营风险的控制能力，提升并调整企业营运资金周转效率，以实现企业的可持续发展。由于全球化经济的发展，精细化管理因其对企业发展的积极作用，现今也已被国内的许多学者所关注，且被很多企业管理者运用到工作管理之中。因此，本书从精细化管理在提升营运资金周转效率方面的重要性出发，立足于现今在企业中存在的营运资金周转效率问题，对使用精细化管理提升营运资金周转效率提出了初步的建议。

营运资金即企业流动资产减去企业流动负债后的余额，指的是可供企业进行营业运作、周转的流动资金，可以用于评估企业偿还短期内到期的流动债务的能力，其需求的满足，可以使得企业经济效益和综合竞争力得到进一步的提升。而营运资金周转效率意为企业在一段时期内的营运资金周转次数，对其高低的把控对于企业盈利能力有着重要影响，如果企业营运资金周转效率过高，可能暗示着企业营运资金不足，偿还短期内到期的流动负债

能力差，但如果太低的话，也暗示着企业投入的营运资金未能取得足够的销售收入，即盈利能力较差。因此，相关负责人应对营运资金周转效率引起足够的重视，对其高低进行合理的把控，对于过低或过高的原因进行科学合理的分析，以增强企业综合竞争力。基于上述条件，本书对精细化管理运用于控制营运资金周转效率方面的问题进行了分析，以寻求更为合理有效的企业管理模式。

一、精细化管理用于营运资金周转效率中的意义

精细化管理运用于财务管理之中，主要是通过对企业战略目标及财务目标进行分解、细化，最终将每个目标落实到每个环节之中，使得企业的战略能够贯彻于每个经营活动之中，其基本要求在于结合企业的实际情况，对现存的问题环节进行分析，并对其进行改善和完善，以促进整个企业的可持续发展。而在营运资金周转效率中的应用，首先，需要管理负责人具有全局性的思维，通过对所有资金的合理利用及对现金流的管理，以提升企业营运资金的使用效率，最终形成企业发展的良性循环。其次，通过对所有资金的集中管理，并通过对所有营运资金进行使用计划的制定，以战略目标和财务目标为基础对每一笔营运资金进行具体分配，实现营运资金的合理使用，降低其使用成本，实现其最大效能。最后，也由于精细化管理的进行，使得企业管理者及财务负责人能够对每一笔营运资金的使用都进行跟踪及管理，对每一笔营运资金的使用过程都进行有效的监控，保障了营运资金使用方式能与前期预算、企业战略目标、企业财务目标保持一致性。

二、目前企业存在的营运资金周转效率问题

（一）对营运资金的使用缺乏科学合理的计划

面对我国存在的融资困难问题，大多数企业负责人未能对其应对措施进行考虑，并且在现金管理、存货管理、应收账款管理方面，没有制定科学的"最佳现金持有量"，使得投资方式盲目，现金管理随意，存货管理不及时不完整，应收账款风险过高等，从而导致企业在需要营运资金时却无法获得足够的资金支持。而按照这样的方式下去，使得企业的贷款量不得不增加，提高了资金的使用成本及自身的经营压力，阻碍了企业的可持续发展态势，其根本原因都是因为企业或财务负责人在对营运资金进行使用和管理时，未能制定合理的计划与安排。

（二）对营运资金的使用缺乏有效的监管、管理机制

我国企业面对日益激烈的市场竞争环境，仍然存在着许多的运用粗放式资金管理模式的情况，而在这种粗放式的资金管理模式之下，相关负责人都未能建立其有效的营运资金监督制度，或已建立其监督制度，但其职能却未能被真正的发挥出来。并且大多数企业还

存在着营运资金管理制度缺乏的情况，特别是在面对重大投资时，因资金使用决策制度的缺乏，导致企业资金的控制与实际情况脱节，影响了企业对营运资金的控制及变现能力。另外，由于我国企业对资金管理缺乏监督惩罚制度，使得资金的回笼难以及时到位，且在生产企业中，由于库存的占款过多，使得资金的沉淀愈发严重，营运资金的周转效率也因此下降，影响了企业的盈利能力及其信用水平，阻碍着企业的高效发展。

（三）企业负责人对于精细化管理理念认知不足

精细化管理作为一种先进的管理理念，在西方国家的市场实践中取得了良好的成绩。但在我国，大多数企业负责人对其的认知程度却严重缺乏，或采取直接套用先进企业的精细化管理模式，未能与自身营运资金管理现状相结合，导致精细化管理的作用难以实现。

三、在营运资金周转效率方面使用精细化管理的建议

（一）提高对精细化管理的认知程度

企业负责人应不断提高自身对于精细化管理的认知程度，树立更符合现代化发展要求的管理理念，加强对于战略制定及资金使用计划中对营运资金的考虑，建立健全科学合理的资金管理体系，使得企业内外部的所有经济活动都能做到有章可循，避免因投资方式盲目，现金管理随意，存货管理不及时不完整，应收账款风险过高等导致的现金缺乏。并且对于企业内部的财务人员，企业负责人应加强对其的培训力度，提高其对于企业经营运作中各个环节的预算管理能力，保持营运资金链条的持续稳定，保证营运资金的良性循环。

（二）企业营运资金管理应具有资金周转效率管理意识

企业管理者应将企业所有的经营活动作为一个整体，并对此进行通盘考虑。通过对企业的经营作业进行组合安排、对企业全部资产进行盘活及对企业可控制的资源进行整合等方式来提高企业整体的运营效率及资金的周转效率，从而增加企业盈利。

（三）建立合理有效的营运资金监督制度

在精细化管理运用于营运资金管理之中时，需要企业负责人建立更加科学有效的监督制度，对每一项经济活动的处罚机制应该明确合理，并且通过责任制度的建立，将员工的切身利益，即绩效考核，与其制度相结合，提高员工对于营运资金监督的积极性，提升营运资金的周转效率。此外，在监督制度制定后，相关负责人应坚持公平公正、奖惩分明的原则，并且在后期执行过程中，及时地对制度中存在的问题进行纠正和完善。但需要注意的是，对于监督制度的调整需要经过决策层的集体决策同意，不可随意地进行调整。

（四）加强财务分析，提升风险评估能力

财务负责人在企业战略计划制定完成后，应根据其目标制定出营运资金及各环节的预算方案，并不断提高自身专业性及对于潜在风险的判断能力，使得自己或企业负责人能够对企业整体资金链情况及发展情况有一个整体的把控，能够对后期可能出现的风险制定出合理的应对计划，提高企业的生存发展能力。而在此过程中，财务负责人可以利用更为现代化的信息手段，对营运资金的状况进行自动、定时的收集，提高资金的集中化、精细化管理，对于营运资金分散闲置的情况进行及时的处理，避免资金使用效率及周转效率的降低。

（五）完善企业内部的控制、审计能力

企业负责人应加强企业内部控制的能力，使得员工能够积极参与到营运资金管理之中。同时并且还应在企业内部建立其专门的审计组织，对营运资金的流向进行定位及跟踪，与财务人员共同对存在的问题进行分析和解决，以优化营运资金的配置，做好资金的安排，避免出现营运资金链断裂的情况，并保证营运资金周转效率在合理范围内，保证其相关信息的合理可靠。

（六）加强企业供应链管理能力

供应链是指围绕核心企业，从采购原材料开始，制成中间产品以及最终产品，最终由销售网络把产品送达消费者手中的一个由供应商、制造商、分销商、最终消费者所连接的整体功能网链结构。供应链管理是通过企业间的协作，谋求供应链整体最优化，成功的供应链管理能够协调并整合供应链的所有活动，最终成为无缝连接的一体化过程。而在营运资金管理中的应用，可以缩短资金周转时间，提高企业资金周转效率，增加企业盈利，并且提高企业预测能力及协调能力。

企业营运资金作为企业资金管理中的重要环节，其核心在于资金周转效率的管理，对企业的目标利润的实现及可持续发展起着重大的影响。而精细化管理作为先进的管理理念，可以通过对企业经营及运作活动的细化，实现资源占用程度及其管理成本的最大化降低。面对日益激烈的市场竞争环境，相关企业负责人应不断提升企业营运资金的管理能力，结合先进的管理理念，适应现代化进程的发挥发展，以提升自身综合竞争力，将有限的营运资金发挥出最大的效用，为企业创造出最大化的经济效益。

第三节 现金管理

改革开放以来，我国的企业形式愈加的多样化。在以往计划经济体制下，企业的管理模式在众多的竞争中，已经出现了各种各样的问题，愈加不适应现代企业发展和现金管理的需求。现金管理观念的落后、管理形式的滞后，使得我国企业的现金管理面临着十分严峻的问题。为了在严峻的企业竞争中赢得企业的发展，必须重视企业的现金管理工作的革新，找出企业发展存在的现金管理问题，并制定相应的改革措施。

一、企业现金管理的主要内容

企业的现金管理是保障企业正常运行的重要因素，是保障公司运营血脉的纽带。现金，在现代企业的管理中是流动性最长的一种货币融资模式，也是最便捷最快速实现企业资金管理的手段。现金在现代企业的资产管理中处于十分重要的地位，如若保障企业的正常运行，必须重视起现金管理的作用。企业拥有一定的现金对于企业的日常管理，发放员工工资，缴纳各种的税费，公司运营的杂费管理费，都是十分便捷的。

企业的现金管理的存量是影响公司进行长远发展的重要因素之一。强劲的现金流量可以加大公司的资产规模，增强投资商的信任度，加大公司投资的概率。现金流量的多少是投资者判断企业活力和经营管理能力的重要参考，也是衡量企业偿债能力的重要标志之一。根据企业的现金管理的目标，计算出企业一年内的企业现金流量，找出相对应的区间。可以进行同期或者上一年的现金流量的对比，找出更加合理的企业现金管理模式。企业现金周转率的高低也是影响企业现金管理的一个方面。所谓提高现金的周转率必须从降低现金平均持有量和增加入库现金的销售收入两个方面着手，这两方面缺一不可。对于企业的财务管理人员岗位职责而言，合理的使用现金，增强现金的周转率，是一个企业现金管理的重要内容也是企业存亡的关键因素。企业资金储备率更加的充足，对于企业的融资和债务偿还也十分的有利。

二、企业现金管理存在的问题及原因分析

（一）企业现金管理意识不强

在我国目前的情形之下，企业对于现金管理的经验不是很足，没有意识到企业现金在日常管理中的重要作用，缺乏现金管理的意识。传统的中国企业，都比较重视企业的业务工作，对于企业的现金财产的管理并不重视。由于轻视财务工作，很多企业甚至没有专门

的企业财务管理部门，财务管理混乱，不成体系，缺乏现代的管理体系。甚至很多企业把管理现金当作财务管理的工作，没有形成系统化的财务管理工作，导致企业财务管理混乱，资金浪费严重，内部推权违责现象突出。同时，现金管理制度形同虚设，决策权大部分掌握在领导手中，透明的现金管理情况在企业中并不常见。除了领导管理意识的随意性，很多职工对于公司正确管理现金的意识并不是十分的强烈。缺乏足够的管理意识，现金流量意识，针对员工公差报销的差旅费等现金的报销额度更加的明显，对于公司超过1000元以上报销的数额本应当使用支票的规定情形，在现实企业工作中被遗忘和滥用。

更有甚者，企业员工营私舞弊，会计人员利用职务之便与外部人员相互串通，骗取企业的现金，虚开或者伪造企业的支票，以套取现金为目的进行合作，使得企业的现金流遭受更大的危机。

（二）企业现金管理缺少监督机制

目前企业的现金管理出现了很多的问题，例如，现金白条现象严重；虚假支票现象严重；填错记账凭证现象严重；挪用现金现象严重等一系列问题。合理有效的企业现金监管体系可以保障企业的现金流量正常运营，组织可能出现的现金流断裂的情况，将事情防患于未然。但是我国大多数的企业没有完备的企业管理模式，缺乏监督监管机制。更多的是靠企业领导内部的监管或者将监管制度形同虚设，人力的监督已经不能够满足企业日益增长的财务管理危机。大多数的企业，在面临现金危机的时候，部门之间会出现相互推诿的现象，甚至造成了严重的后果。企业的现金政策过于宽松，导致企业的现金管理部门没有真正地从企业的整体利益进行考虑，出现了很多不必要的问题，给企业的现金监管带来很多的问题。由于企业内部的财务管理部门的员工综合素质良莠不齐，很多员工对于如何合理地适用企业的现金管理制度并不明确，对于自己的岗位职责并不清晰。由此导致一系列企业内外部问题，忽略企业真正的利益，甚至给企业带来生产经营的危机。

企业内部现金监管的不到位，直接导致企业会面临严重的现金流量危机，使得企业在日益激烈的斗争中愈加处于不利的地位。

（三）企业现金预算不健全

通常企业遇到现金危机时，大多数时是决策的失误、内部的监管不到位，究其原因企业现金预算制度的不健全也是影响企业管理的重要因素之一。企业的现金预算，在现代企业的管理中十分必要。凡事预则立不预则废，拥有良好的企业预算制度，对于合理地进行生产经营活动以及更好地掌控企业的发展都十分有必要。现金预算不仅仅是针对财务管理部门而言，也需要公司的其他相关部门进行配合。预算是部署整个公司生产经营活动的重要战略活动，包括企业的生产、销售、投资、运营、管理等多部门联动的情形。制定全面客观的企业预算，不仅可以帮助企业及时进行利润的核对。在年终总结的时候，及时调整企业的生产经营预算制度，能够帮助企业更好地进行管理，推动企业良好健康的发展。

但是，目前而言，由于传统的计划经济的影响，企业间进行预算管理的投入并不多。在部门的设置上，大部分企业的财务部门只进行基础的财务核算和收纳制度，没有将现金预算纳入企业的财务管理中去。企业的现金管理至关重要，大多数的企业没有利用好预算的功能性，缺乏合理科学的规划，影响企业进行现金管理的水平。进入21世纪以来，越来越多的企业为了适应社会主义市场经济的需要，开始注重企业的现金流量的管理。对于上市企业而言，现金流量的多少决定了股民的信任度以及公司在面临危机时的债务偿还能力，对于大型企业而言具有十分重要的意义。对于中小型企业而言，企业的现金流量可以更好地管理本就资金不充足的中小型公司，除了可以控制企业的生产经营成本，还能在以往的预算中找到公司损益的关键问题以及找到可以改进的措施，对于促进公司的发展有百利无一害。完善现代企业管理制度，除了做出合理的薪酬制度、管理培训制度，在企业的内部管理上，也要重视对于财务的管理。必须设立专门的现金预算管理部门，及时对企业可能出现的现金预算问题进行沟通，才能保证公司的现金量。

三、应对企业现金管理问题的主要对策

（一）增强企业的现金管理意识

企业的现金管理制度是确保企业的资金正常运行的重要方面，现金量的多少影响着企业的运转。计划经济时代遗留的企业管理观点至今影响着企业的生存发展以及对待现金管理的态度。现金管理意识的高低也是影响企业现金管理制度发展的重要方面，合理的利用企业的现金管理制度的意识在员工或者领导中并不盛行，甚至一直被忽视。在企业的现金管理制度的投入中，公司的投入过少以及对员工的宣传培训不到位，导致员工的现金管理意识薄弱。企业现金管理的低水平和低效率一直影响着企业正常的生产经营。企业的盈利模式不仅仅是从销售环节赚取利润，也是在内部的监管中节省成本，从而得到企业更快更好的发展。企业的现金对于投资者而言也是一项重要的参考，股东的投资大多数是以现金的方式进入企业，合理地进行投资资金的管理对于管理投资的资本也是十分重要的。企业的资产在现金的流动中不断地转化，从而获得更好的收益或者为企业的管理做出贡献。在提高企业的现金管理意识方面，可以对员工定时进行现金管理重要性的培训，同时对现金管理缺乏的机制及时进行培训，对企业的领导进行密集的培训从而让他们了解到企业现金量的重要性。企业现金管理意识需要提高，需要在明确企业的现金管理要求的基础上逐步进行。

（二）建立现金管理监督制约机制

企业的现金管理制度需要企业内部的监督管理，我们需要改变以前现金管理方式，从低层次逐渐向高层次发展。不断完善企业的财务管理方式以及现金监管制度，是企业发展壮大的基石。低层次的企业现金管理方式需要不断地进行优化发展，从而确保现金的正常

运行和一切事物的处理，加强企业对日常经营管控。

我们可以从以下几个方面进行优化：对于企业的领导者而言，我们应当不断地对领导的决策水平进行防控，提高领导者的决策能力以及风险防控能力，尽量减少可能遇到的主观上的财务管理决定，从源头上断绝现金影响公司运营的可能性。

对于财务人员而言，需要正确认识到企业财务管理的必要性以及提高相应的业务水准。专业的财务管理人员必须在企业进行财务管理的同时及时进行整理比较，从而得出良好的财务管理经验，及时的做出合理的决策并进行调整。

（三）制定科学的现金预算目标

科学的现金预算不仅可以帮助企业提前制定公司的发展规划和发展目标，避免工作的无科学性和盲目性。科学的预算管理体制是衡量企业是否具有良好的财务管理体制的重要参考因素，在现金预算中，正确的估算公司的价值和公司的发展路径，对于影响企业的经济效应和预算目标的合理性具有十分重要的作用。在企业进行现金预算调整的时候，要及时根据每一季度的反馈及时进行修正，根据企业的实际情况进行预算目标的更改，也是企业实行现金预算的重要作用。企业可以采用滚动预算的方式设定现金管理的预算目标，通过寻找专业的企业管理咨询公司进行合理的管理体制建设，寻找专业的会计管理公司制定合乎公司发展的会计管理制度，重点发展预算制度。我国正处于社会主义市场经济化的决胜时期，必须加快企业的预算管理制度，防范可能出现的风险才能不断地适应市场的变化。

改革开放以后，我国的企业形式面临着多样的变化，以往单一传统的企业现金管理模式已经不再适应现代企业现金管理的要求。发现企业现金管理的意义，找出现今企业现金管理出现的问题以及背后深入的原因，同时给出相应的建议，是现代企业必须面临或者解决的核心问题。只要这样，才能不断地规范企业的现金管理模式，为我国企业的发展助力。

第四节　应收账款管理

市场销售中，顾客可以使用现金支付货款也可以使用信用支付，使用信用支付对于销售商来说就形成了所谓的应收账款。信用支付一方面可以增大企业在市场中的竞争力，另一方面还可以增大产品在市场中的占有和销售份额，以增加企业的利润额，所以企业在市场销售中通常会采取应收账款这种信用手段及营销策略。然而，虽然应收账款属于企业资产的范畴，应收账款的增加表面上看是企业的资产增加了，但是当企业的应收账款达到一定数目，一方面会影响企业资金周转灵动性，另一方面还会影响到公司的利润，所以应收账款管理成为很多企业面临的重要问题之一。

一、应收账款的含义及形成原因

（一）应收账款的含义

应收账款是指企业在生产销售过程中，发生商品销售以及提供劳务等服务时，顾客没有采用现金支付而是采用信用支付，因此产生的应收款项，它会因增加销售量从而增加利润，但是如果账款不能及时完整的收回，不但不能增加企业的利润反而会降低企业利润。

（二）应收账款的形成原因

（1）市场竞争。在应收账款的影响因素中，市场竞争占有主导地位。在现如今经济快速发展的时代，竞争无所不在，同样的质量条件下购买者会比较价格、同样的价格条件下购买者会比较质量。同一种类型的商品，市场上会有许多不同的质量、价格及服务。然而很明显，企业如果想依靠产品的质量和价格在市场中站稳脚跟是很不容易的。因此，越来越多的企业采用赊销手段。这样可以招揽更多客户，扩大销售、增加销售额，然而由赊销产生的应收账款的管理成本也是不可忽视的，这些成本在一定程度上会影响企业的经济效益。

（2）很多企业在管理应收账款时没有明确的规章制度，或者相关的规章制度只是摆设。业务部门经常不及时与财政部门核对，导致销售脱离了清算，隐患不能及时表露出来。在应收账款数目较高的企业，当应收账款不能及时收回时，就会发生长期挂账的现象，影响企业的财务状况。

二、应收账款管理方法

（一）选取资信状况较好的销售客户

影响应收账款回收的主要因素之一是客户的资金和信用状况。假设客户的财务状况比较好，而且一直遵守信用，那么应收账款收回的工作就简单得多。相反，如果客户的财务状况不良好，并且信用程度也不高，那么应收账款的收回就会遇到很多的麻烦。由此可见，在条件允许的情况下，企业应该注意对销售客户资信状况的考察及分析。

（二）制定合理的信用政策

为保障良好的经济效益，企业应当对客户的基本情况进行了解，根据客户的经营情况、负债情况、偿还能力及其信用质量来制定合理的信用政策。所以要根据信用的五大标准：品行、能力、资产、抵押、条件来综合评价客户信用状况，建立合理的信用政策。

（三）加强应收账款管理

产生的应收账款长期不能够收回就成了坏账，会影响企业的实际利润。所以当应收账款产生时，我们要增强对其的控制，尽量把其会产生的成本控制在企业可接受范围内。收账政策是企业在应对如何及时收回应收账款时所制定的相关政策。企业可以采用现金折扣等催收方式。对于长期无法收回的，可以将其应收账款改为与应收账款相比具有追索权的应收票据，这样可以在一定程度上减少坏账的损失。必要时也可采取法律手段保护自己的合法利益。

三、应收账款日常管理存在的问题及成因分析

（一）信用标准不合理

很多公司为了在短时间内增加销售额，在还没有对购买方的信用状况进行调查和了解，还不清楚货款是否能够及时收回的情况下就对购买方销售了货物。同时，在采用赊销时，企业没有将自身的资金周转速度和财务状况作为制定现金折扣、信用期限等信用政策的一个重要参考，而是迁就购买方的情况和要求制定优惠政策。

当购买方没有在预定的信用期限内偿还所欠货款时，企业会打电话或电邮给客户催收欠款，但这样一般都没什么效果，企业仍然无法收回欠款。然后企业会派人去催收欠款，但多数人员在催收过程中稍遇困难就容易放弃，时间长了导致有很多应收账款一直挂在账上，一方面对企业资金的调配有所干扰；另一方面随着时间的流逝，应收账款可能就成了坏账。

（二）企业内部控制存在的问题

在现如今的企业中，内部控制制度不完善是很常见的问题。内部控制不完善对应收账款的管理很不利。在产生应收账款后，企业要及时催收账款，出现应收账款不能及时收回时要通知财务部门，财务人员要做好相关财务处理，将其计入坏账损失来冲减当年利润，尽量降低对企业财务状况的影响。在应收账款发生后，企业要及时地收回，不能及时收回的要记入坏账损失冲减当年利润。但是由于内部控制制度的不完善、再加上财务人员实践能力不是特别高，应收账款的收回能力很有限。时间在推移，发生坏账的可能性也在跟着应收账款数量的增加越来越大。这样，企业的经济效益会受到很大的影响。

大多数企业员工的工资绩效往往与销售量成正比，却没有和应收账款的收回程度挂钩。在这种情况下销售人员会为了业绩使用先发货后收款的手段，反而不太关心应收账款的收回情况。销售发生的应收账款若没有专门的人员去催收和管理，只会导致越拖越长，严重影响企业的财务状况。

（三）责任划分不明确

企业里每个部门的每个员工都有自己的工作，没有人会主动去管理应收账款。往往会等到应账款数目较大的时候才去管理，但是这样又会造成前清后欠的状况。虽然应收账款是销售人员的工作产生的，即使公司规定销售部门承担收款责任，但是由于销售人员的能力是销售而不是收款，所以收款的工作进行也不会很顺利。

（四）企业防范风险意识薄弱

企业采用先发货后付款的模式，可能会减少企业的经济效益。一方面企业缺少对购买方信用的考察和了解，并不能保证购买方会按约定的时间及时付款。也没有对购买方的资产状况进行准确的评估，购买方是否有能力付款或者及时的付款都是个未知数，另一方面企业没有对自身的财务状态进行评估，没有去权衡如果应收账款不能及时收回，企业有没有能力去承担这个风险。

四、完善企业应收账款管理的建议

（一）加强技术创新，提高产品质量

一个企业想要在竞争中脱颖而出并且站稳脚跟，就需要不断的改革创新，提高产品质量，顺应时代潮流。这就要求企业要对市场进行深一步的调查，全面了解现在客户需要的是什么，热衷于什么；同时优化内部体系，加大对技术创新的投入，激发创新思维，提高产品质量，生产顺应时代潮流的产品，提高企业的核心竞争力，这是企业能脱颖而出的关键。当然，企业也要与时俱进，了解国内国外同行业产品的质量，要以优质为标准，与时俱进，坚决做到在质量上不输于其他任何企业，并做好相关售后服务工作。售后服务对客户在使用产品的过程中带来了极大的方便，也间接地对自己产品的质量做了一些保证。

（二）制定合理的信用政策

无论是单笔的赊销还是多笔的赊销，企业在其发生之前就要对公司的财务状态进行评估，要明确企业能够承担多大的由应收账款带来的风险，而不是迁就购买方而制定不利于己的信用政策[①]。

1. 成立资信管理部门

由于公司各部门都是各司其职，所以公司应当专门成立一个资信调查管理部门，专门对购买方的信用情况进行了解，部门的工作人员要独立于销售部门，这样有力地避免了销售人员为了销售量的扩大对购买方进行信用标准的迁就。部门工作人员一方面要进行购买方信用的摸排，查清其信用情况。确保购买方能否及时付款；另一方面也要时刻关注购买

① 柳卸林.技术创新经济学[M].北京：清华大学出版社，2014.

方资产财务状况，确保在约定时间内购买方有能力付款。如果发现购买方信用或者财务出现状况，要在第一时间通知销售人员，要中断给其供货，然后要求销售人员尽快去收回购买方的前欠货款，防止应收账款的累积。

2. 加强购买方资信的管理

购买方的资信是应收账款是否及时收回的保证，所以企业设立的资信管理部门要对购买方的信用五大标准进行全面的了解。这五大标准分别是品质、能力、资本、抵押、条件。品质是指购买方的信誉程度，也就是购买方会付其应收账款的可能性；能力是购买方所具有的偿还应收账款的能力。资本是一种背景，这种背景是指购买方的财务状况和购买方能否偿还应收账款。抵押是指购买方用于支付企业应收账款所用的抵押物或者无法支付企业应收账款时用其抵押的资产。条件是一种会影响购买方支付企业应收账款能力的经济环境。

（三）完善公司内部控制制度

1. 加强购销合同管理

企业在进行销售商品时要有专门人员与购买方依法签订合同，公司的专门人员要有公司的授权。合同上要有准确交易明细。如：若不是以现金支付，要在合同上约定好付款日期；若不能及时付清时责任的承担以及注明超过一定期限后要走的法律程序。

2. 明确业务考核情况

对于销售人员的考核不能只看销售额，而是要结合其销售额与收款额。并且要求谁销售产生的应收账款谁负责催收，销售人员定期与财务人员核对应收账款收回情况，制定合理的催收欠款计划。当发现应收账款很难收回时，要及时告知财务部门，财务部门及时做坏账损失，尽量降低企业经济效益的损失。

（四）加强应收账款信息化管理手段，完善坏账准备制度

应收账款管理系统的主要任务是管理客户购销情况、开出的发票和收账过程等。现代很多企业经营范围繁多，销售情况不仅有零售还有批发。完善的应收账款管理系统可以给业务量大的企业提供很大的方便和保障。所以，企业应当根据公司自身情况购买或者开发一套和本公司应收账款管理情况相符的系统。在购买或者开发前，要事先与应收账款管理人员进行沟通，充分全面了解企业应收账款管理的情况，制定出符合企业应收账款管理状况的系统，这样，不仅可以减少企业在应收账款的管理上付出的成本，在很大程度上也会降低企业坏账的发生。

（五）合理采用法律手段保护企业权益

大多数的企业为了维持与客户的关系，催收款的力度并不大，导致很多客户会一拖再拖。当企业发现应收账款不容易收回时，可以适当采用强制手段，例如法律手段。在最佳

诉讼期内，尽快使用法律手段来保护自己的合法权益，降低企业在应收账款不能及时收回的情况下对企业财务状况造成的负面影响。

第五节　存货管理

一、存货管理存在的问题

（一）存货核算计量缺乏准确性

存货在企业的流动资产中占据很大的比重，贯穿于企业的供产销三个阶段。它计量的准确性与真实性对企业的财务报表与经营成果有很大的影响，准确真实地对存货进行计量是至关重要的。但企业的存货管理往往存在着核算计量不准确、缺乏真实性的问题，导致了企业不能对公司的各项指标进行行之有效的分析，以及信息使用者进行行之有效的投资决策。

（二）存货日常资金占用量过大

有些企业为了避免因缺货而不能满足顾客的需求量，或者错失了交货时间而造成的损失以及市场和利率变动所带来的风险，往往忽视了存货的资金占用情况和成本。而企业为了保证生产不会因缺货而中断，对相关货物进行大量储备，使得日常资金被大量占用。这就导致存货的管理以及存货占用资金量的多少往往被企业忽视，逐渐造成了企业存货占用资金量过大的局面。

（三）存货采购计划不合理

采购过程中最薄弱的环节就是采购计划，它是非常关键性的环节之一。有些企业在存货采购方面缺乏缜密、合理的采购计划，领导者们往往凭借感觉或者根据自己的经验来判断是否需要进行存货采购、存货采购量、采购时间，而不是根据实际需要进行申报采购，没有考虑到是否适应市场环境的变化，使得主观因素大于客观存在因素，从而影响了采购存货的科学性。

（四）存货管理制度不健全

1. 存货收发存制度不健全

虽然企业已经建立了一定的存货管理制度，但是在公司实际生产经营过程中这些规章制度很难被遵守执行。例如，企业建立的存货验收制度、发出制度和储存保管制度，这些制度都规定了如何对存货进行管理，但是真正执行起来却出了问题。例如，有些企业在验收入库环节，由于没有及时对采购回来的原材料等物资进行验收，影响了企业的生产。在存货发出阶段，发出存货的计价方法选择不合理，没有遵循一贯性的原则，在仓库储存保管环节，由于仓库管理人员往往是从数量上进行看管，防止货物被盗、丢失，而质量方面是否有问题很难察觉，等到货物出现质量问题才向相关部门进行汇报，此时已经给公司造成了损失。

2. 存货内部控制制度不健全

企业的内部控制过于薄弱，岗位责任制不明确，监督检查不到位，并且存货管理职位没有切实分离。存货进行采购、验收入库这些工作往往是由同一个人完成的，采购价格是与供应商直接协商，没有建立价格联审委员会，没有其他人的监管与制衡，缺少权限之间的制约，使得一些人员通过该缺口徇私舞弊，为了获取更多的个人利益，而损害公司的利益。

二、存货管理存在问题的原因分析

（一）信息技术水平落后

现在有些企业存货管理模式比较传统和僵硬，信息技术水平相对落后，没有实现信息化的系统管理，也未完全实现电算化管理。传统的存货管理模式大大降低了企业对存货进行管理的效率，同时也增加了企业的管理成本。企业大多数采用手工记录的方式，未能严格地按照会计核算制度进行核算，使得大量的信息不能及时准确地被使用，企业存货的情况不能被真实地反映，公司生产管理方式的要求不能被满足，公司所使用的计价方法不统一；同时由于存在大量人为因素，严重影响了公司的工作效率，降低了核算的准确性、及时性和真实性，进而影响了企业的生产经营效益。

（二）存货积压过多带来的负面影响

企业为了避免由于存货储备不足而造成生产经营不能正常进行、延误交货时间的情况发生，就会大量进行采购，加大公司存货储备量，从而导致存货积压。目前，仍然有许多企业仅把存货作为公司的资产，对存货变现能力认识比较肤浅，如果持有存货量过多，存货在储存过程中发生的仓储费、搬运费、保险费、占用资金支付的利息费等储存成本就会上升，使得公司付出更多的成本，当公司的资金被存货大量占用时，公司的财务风险就可能被加大。这些最终都增加了公司存货管理成本和存货占用的资金量，降低了资金周转率和公司的经济效益。

（三）存货管理重视程度不够

有些企业的管理者认为存货管理仅仅是对存货进行保管，不能给公司创造价值，也不会给予太多的重视，往往特别关注公司的生产、销售等环节，把它们看作重中之重，很难认识到存货管理的重要性，导致在存货管理方面的人力、物力等资源分配不合理，存货管理内部控制与监督机制的效力大大减弱，进而加大了存货管理的混乱性，以及存货管理过程中进行徇私舞弊的可能性，最终增加公司损失。

（四）缺乏信息资源共享与沟通

企业各个部门都是相互关联的，就像是一张密不可分的网，包含的信息被共同分享。但是有些企业通过人工传递这些收集和交换得来信息的方式，会使得这些信息不能够及时准确地被共享。由于企业各部门之间缺乏沟通，每个部门对存货的数量要求是不一样的，而且它们为了实现各自利益最大化的目标，就会产生一些冲突，造成公司不能准确合理地对存货量进行调整，同时也加大了存货管理的成本。

三、针对存货管理问题提出的相关建议

（一）确保存货核算计量的准确性

对存货准确地进行核算与计量，是公司做好存货管理的重要环节。为了提高存货核算计量的准确性以及存货管理的效率，一方面企业要严格按照《企业会计准则》的要求对存货进行核算与计量；另一方面，企业需要不断地提高信息技术水平，建立健全的信息系统，运用先进的电子科技与网络技术来提高信息传递的效率，提高电算化的利用程度，建立更加完善的电算化存货管理系统，逐步减少传统的手工操作。

（二）降低存货积压占用的资金量

存货积压过多造成了公司大量的资金被占用，资金周转率严重下降，所以通过对存货进行合理规划来防止存货积压过多情况的出现。企业可以采用以下方法对存货进行合理的规划，如企业应当对市场进行充分调研，对消费者需求以及消费心理进行充分了解，能够准确判断消费趋势。或者聘请专业机构、人士进行分析，对市场需求量做出准确判断，也可以采用经济订货批量法进行采购，确定最佳订货量，使得存货库存量以及存货相关总成本最小。同时还需要及时对库存进行盘点，对公司的存货库存情况达到准确的了解，为合理的存货采购提供依据，进而减少存货积压发生的可能性。

（三）制定合理的采购计划

合理的采购计划会使公司生产经营活动正常进行，减少存货积压或短缺的可能性。制订科学的采购计划，一方面需要严格遵守执行公司制定的存货采购授权批准制度，按照规章制度办事，从而加强存货采购过程的合法性，进而能够有效控制存货的采购数量。另一方面需要加强企业各部门间信息资源共享与沟通，采购部门要和其他部门保持紧密的联系。企业各个部门之间是相互关联的，可以通过现代的信息技术共享存货信息，以便及时准确

地使用公司的信息，从而使得效率得到提高。

（四）制定合理的存货管理制度

1. 完善存货收发存制度

企业要建立更加完善的存货收发存制度。首先，要完善存货的验收制度。在存货进行验收时，要及时对原材料等物资进行验收，建立详细准确的账簿。其次，对于存货发出的制度也要进行完善。一定要选择合理的发出存货计价方法，如果没有特殊情况，发出存货的计价方法一经确定，不允许随意更改，要遵循一贯性的原则。在存货发出时，要严格按照正确的领用程序进行审批，准确填写领用单据，妥善保管，以便后期进行核查。最后，要对存货的保管制度进行完善。仓库保管人员不能仅仅对存货的数量做检查记录，还要对存货的质量、规格等项目做检查记录，以防存货不能达到公司的需求。还需要定期检查存货，以防存货变质、毁损、报废等情况的发生。

2. 调整内部控制制度

内部控制做得好是存货管理的重要保障。首先，企业领导层要加大对存货管理重视程度，充分认知其在公司生产经营过程中的重要性，加大存货管理内部控制制度建设。其次，要制定不相容职务相分离的原则，确保各个岗位之间能够做到相互分离与相互制约。再次，要加大授权批准的力度，对授权批准相关的程序、手续、方法和措施进行明确阐述，不能超越权限范围办理授权批准。对于越权的审批，要及时向上级汇报，未经授权批准的人员不得进行存货业务的办理。最后，还需要进行定期的检查和时刻的监督。公司要设立专门的检查监督小组，对存货管理的整个流程进行严密的检查与监督，使内部控制行之有效。

存货管理对企业来说是非常重要的，有效的存货管理能够提高资金周转率、存货利用率，进而提高企业经营效率和效力，增加企业经济利益。本书对企业存货现存问题进行原因分析，进而提出解决建议与对策，有利于企业更好地进行存货管理，最终实现提高企业经济利益的目标。

第六节　短期融资融券的财务风险

融资融券作为证券信用交易中十分重要的一种业务形式，也成为国外证券市场较为普遍的一种交易制度，对于发挥证券市场的职能起着十分重要的作用。鉴于融资融券，尤其是短期融资融券拥有的杠杆效应和双面效应，以及做空机制，对于如何认识以及预防和控制风险都是十分重要的课题。本书重点分析的是短期融资融券本身拥有的财务风险，并且重点分析如何规避这些风险。

一、短期融资融券的财务风险

（一）杠杆交易风险

融资融券同时又被称之为是一种杠杆式的投资工具，这也是一把锋利的"双刃剑"。对于企业而言，企业把股票当作担保品开展融资的过程中，不仅要承担本身拥有的股票价格的不断变化给企业带来的风险，而且还需要承担企业对其他投资股票有可能带来的风险，此外，还需要支付一笔巨额利息。此外，由于融资融券交易是十分复杂而又烦琐的系统工程，复杂度非常高，既有可能导致企业投资失误或者是操作不当，企业有可能面临巨额亏损。对于企业而言，一旦面临股价深跌的风险，投资者则需要投入巨额本金也可能一夜间化为乌有。

（二）强制平仓风险

根据我国《融资融券业务试点管理办法》中第26条明确规定，证券公司需要实时计算企业提交担保物的价值及其欠下的债务占比。也就是说，如果企业的信用账户这一比例明显低于130%，则意味着证券公司将有可能会通知企业补足差额。但是如果此时企业并未按照要求进行补交，则证券公司是可以按照合同约定对其上交的担保物进行处理的，也就是通常所说的强制平仓。很多时候，融资融券交易和期货交易模式是一样的，都需要企业在交易的过程中监控其上交的担保物的占比情况，保证其能够满足基本的维持保证金占比。由于融资融券具有保证金可以持续支付这一特点，这就需要投资企业在融资买进阶段购买的股票需要在股票下跌过程中面临极为严峻的"逼仓"现象。所以，融资融券交易会促使投资企业实施的行为变得短期化，而且市场博弈十分激烈，很难对投资企业进行管理。如果投资企业并未按照规定上交或者是补足担保物，又或者是到期末还有很多没有偿还的债务的情况下，将有可能被证券公司要求强制平仓。但是平仓获得的资金却需要优先用于偿还客户欠下的债务，剩下的资金才能够真正进入到客户的信用资金账户，这对于企业而言，很难保证资金链的顺利流通，一旦发生资金链断裂，对企业将会造成致命地打击。

（三）流动性风险

由于融资融券这种交易方式大部分是短中线操作的，虽然这种交易方式能够有效促进证券的流动性。但是，随着其流动性的不断提升，也会给企业带来极高的交易成本，而且交易成本最终也会分摊到投资者身上。由于投资者还需要在完成交易之后上交融资利率，这对于投资者而言无疑增加了交易成本，再加上融资融券主要是针对个股，个股经常出现涨跌停或者是停牌的现象。因此，面对这种情形，卖券还款或者是融资购券都会面临阻碍，将有可能给企业带来更大的流动性风险，对于企业和投资者都是十分不利的。

（四）交易成本偏高风险

由于融资融券业务主要的交易成本构成是证券交易的佣金以及证券交易所收取的印花税和相关费用等等交易成本，此外还有融资利息以及融券费用。从当前情况来看，首批试点的券商融资融券利率和费率分别是7.86%和9.86%，这个标准和国际是一样的，但是单笔融资债务的期限最高是6个月。除此之外，投资者需要额外支付违约金和信用额度管理费等费用。只有当投资者获取的投资收益高出费率和利率才能真正实现获利，这种财务风险是非常高的。

（五）内幕交易风险

对于融资融券而言，极有可能面临严重的内幕交易风险。如果获得了利好或者是利空的消息时，鉴于融资融券拥有的做空机制及杠杆性原理，内幕交易人员大部分都会马上进行融资或者是融券，以期望实现超额收益，进一步加剧整个证券市场的波动性，这种波动性带来的恶性影响是极大的，对其他投资者带来极大的损失。

二、规避短期融资融券的财务风险的措施

（一）加强专业知识的学习

对于投资者或者是投资企业而言都应该加强相关专业的知识学习，掌握更多交易规则以及有关信息。对于投资者而言，其在实施融资融券交易之前，都需要充分熟悉和融资融券有关的业务规则，尤其是应该关注和了解证券公司近期公布的和融资融券交易有关的信息。例如，担保品证券和折算率等等。

（二）不断提升交易和投资能力

对于投资者而言，一定要具有十分理性的认识，尤其是要控制好自身的投资风险，特别是在个股趋势和市场发展都极其不明朗的情况下切不可盲目投资，以免造成难以弥补的损失。对于普通的投资者而言，则需要在交易的过程中严格遵守国家法律法规，做到尽力而为、量力而行，不要把所有家当都一次性投入。在选择股票的过程中，还应该选择那些流动性好以及基本面宽的蓝筹股当作融资融券的标的。此外，还应该充分利用融资融券拥有的风险对冲以及相关的防范功能，做到稳定投资，稳定收益。

（三）合理利用杠杆比例

根据交易规则，融资融券交易利用财务杠杆放大了证券投资的盈亏比例（放大的比例与保证金比例和折算率有关系，即保证金比例越低，折算率越高，融资融券交易的财务杠杆也越高），客户在可能获得高收益的同时，造成的损失也可能越大。因此，投资者在进

行融资融券交易前，应充分评估自身的风险承受能力，时刻关注担保比例指标，防范强制平仓风险。

　　投资者参与融资融券业务，可通过向证券公司提供一定比例的保证金，借入资金买入或借入证券卖出，扩大交易筹码，具有一定的财务杠杆效应。追加担保物与强制平仓风险，是融资融券交易区别于现有证券交易的最大风险，投资者在参与融资融券交易时应重点关注。

第六章 管理会计在企业经营中的应用

第一节 管理会计在企业经营中的应用

随着我国市场经济不断发展，现代企业面临内外部环境的挑战，企业之间的竞争也日趋白热化。企业想要获得长足地发展壮大就必须不遗余力地加强对市场风云变化的分析，规避市场风险的同时抢占先机，运筹帷幄，而加强企业战略管理显得尤为重要，从此管理会计应运而生并成为关键环节。那么管理会计是产生于社会经济的蓬勃发展和激烈的企业竞争环境当中的，对于现代企业的发展起到举足轻重的作用。但目前许多企业领导者和管理者尚未完全明白其中的道理也没有引起足够的重视，所以加强对管理会计的认识和理解，提升会计管理在企业中的应用水平，让管理会计更好地为企业经营者提供有效管理工具。

一、管理会计的内容

管理会计是以加强企业内部管理为目的，运用科学的方法预测和决策、控制和考评，分析企业发展趋势，增强竞争力，为领导者提供决策信息的一种管理方法。管理会计渗透到企业管理的各个方面，处于企业价值管理的核心地位，管理会计的主要任务是完善企业经营活动，提高企业经营效益，为企业提供有用的会计信息保证其稳定的发展。具体而言，包括以下几方面的内容：

预测前景。为加强企业的核心竞争力，管理会计可以通过数据分析帮助企业掌握第一手资料，预测成本费用和市场需求，并充分考虑企业经营环节中的各方面的因素，对收入、成本、费用、利润进行可行性预测，优化企业资源配置，以获得更高的企业利润。

参与决策。管理会计就是为企业决策服务的，决策是企业领导者的主要职责，管理会计可以通过有效方式帮助企业在取得预期效益的前提下节约成本，能为企业提供量化的数据分析，为企业的经营决策提供有效依据，并为领导层做出符合企业发展的决策提供帮助。

规划目标。管理会计是建立在财务核算的基础上，通过企业各项数据的分析整理，选择企业最佳的定位及发展规划，制定经营目标。并通过实施全面预算管理，有效地降低企业的经营成本，提高企业的经济效益，努力实现企业的经营目标。

控制过程。从理论上讲会计具有核算和控制两种基本职能，会计首要任务是提供真实信息，并保证数据核算准确。但对于会计的更重要的应该是控制职能，通过全面预算加强过程控制，并达到强化经济管理的目的。

考评业绩。业绩评价是管理会计中的重要组成部分，通过会计核算的相关数据对预算完成指标进行考核评价，是企业实施奖惩和有效激励的依据，业绩评价可以促进企业管理效率的提高，也可以帮助企业落实各项任务指标。

二、管理会计对企业的重要作用

提供管理信息的作用。企业的经营发展中，需要掌握大量的管理信息，管理会计会根据企业的发展趋势，为企业提供各方面的数据反馈，有利于企业的领导层做出更准确的判断。管理会计主要根据财务核算过程中所提供的资料做进一步的整理、加工和延伸，使之更好地适应企业未来的发展方向，加强管理中的过程控制，达成企业目标。

责任考核评价的作用。管理会计需要对企业的经营业绩进行考核评价，将战略目标和管理绩效有机联系起来，分析各部门预算执行情况，确保将经济责任制度落到实处，充分调动员工的创造性及主观能动性的同时，发挥有效地激励、监控及约束的作用。

预测和决策的作用。企业为了规避未来发展的不确定因素，让企业健康持续发展，管理会计将帮助企业对未来经营发展实施科学地预测。另一方面，管理会计决策从根本上讲是运用现代管理方法和科学手段筹划企业的未来，有效把握经营决策方向，让企业在激烈的竞争环境中走得更稳。

三、管理会计在企业中的运用

在项目决策中的应用。在项目可行性研究中，管理会计需要通过科学的方法，对项目的现金净流量及投资回收期进行预测，包括项目现金流入、投资总额、投资回收期、利润情况进行预测，形成可行性研究报告给领导层决策，包括进入融资环节后，预测项目的资金缺口，拟定融资方案，为整体项目的顺利实施奠定坚实的基础。

在战略管理中的应用。在战略制定阶段，对投入产出比进行预测，结合企业优势及核心竞争力确定企业目标；在战略实施阶段，全面落实预算管理，强化资金效益、会计核算、税务筹划等财务管理工作，并结合预算执行进程情况，对企业战略进行评估，若出现战略执行偏差，则要及时调整战略思路，不断完善战略管理。

在绩效管理中的应用。在企业绩效管理中，管理会计要充分利用平衡积分卡这一管理工具，从财务、运营、客户、学习与成长四个维度进行评价与考核，并将平衡计分卡中的四个方面进行思维度细化，使财务指标与非财务指标有机结合在一起，绩效管理更加全面和完善。

在成本管理中的应用。企业成本控制水平体现了管理会计的工作质量，将管理会计的理论引入到实际成本控制工作中是提高经营管理水平的重要环节，企业不仅需要为顾客创造出理想的产品，更需要达到成本目标，这都需要通过科学的管理会计方法去实现。

四、提高管理会计的应用水平

加强理论与实践相结合。管理会计是否能充分发挥其应有的作用，就必须将管理会计理论与实务紧密结合，学术界研究人员需要深入到企业中调查研究，发现企业问题的关键点并能解决企业的实际困难，而企业也能尽快掌握会计理论最新的研究成果并运用于实际工作中。

规范管理会计制度。企业应根据会计准则，在管理会计理论体系的基础上制定规范的管理会计制度，指导企业的经营行为，并对企业管理会计的实践工作加以指导和规范。极大地推动管理会计在企业实际工作中的运用，为企业管理层提供更准确的预测和决策。

提高会计人员素质。目前企业有部分会计人员没有接受过系统的管理会计理论学习，随着企业的进一步发展壮大，逐步与国际会计先进理念接轨，管理会计本身也在不断变化。因此，加强对会计人员的后续教育，提升会计人员素质，切实贯彻管理会计制度和发挥管理会计的作用。

培养管理会计意识。培养企业领导人的管理会计意识是已经成为提高管理会计应用水平的关键，特别是中小型民营企业，特别是针对"一言堂"的企业领导如果认识不到管理会计的作用，也就不会有意识地让会计人员直接参与管理和决策，管理会计的科学方法也无法被运用到企业管理的实践中，无法实现增加企业经济效益的目标。

创造管理会计应用环境。创造管理会计应用环境需要构建管理会计的企业文化，规范企业的经营行为同时提升管理效率和决策能力，为管理会计的实施创造良好的内部环境，另一方面管理会计的应用离不开业务流程的梳理和规划，将预算管理、成本控制和价值增值有机结合，充分发挥管理会计的作用。

建立完善会计信息系统。管理会计是为企业管理提供服务，这就需要强大的信息化系统作为支撑，管理会计需要处理大量的数据，及时、准确、全面、完整地提供这些数据是保证会计管理工作质量的关键，企业决策者全面了解运营状况需要完善的会计信息系统作为支撑，并由此制定出与之相应的发展目标，从而促进企业不断发展。

管理会计将运用科学性、全面性、前瞻性的管理方法合理预测企业的经济效益，为企业经营者提供决策依据，立足于企业的长远发展，权衡风险与报酬之间的关系，提升企业竞争力，实现企业战略目标。管理会计的不断完善和发展需要一定的时间和过程，需要企业全员共同的理念，坚持不懈的努力，将先进的管理方法运用到实际工作中，让管理会计真正提升企业的管理水平，增加经济效益，实现企业价值增值，提升企业整体实力。

第二节　目标成本管理在企业经营管理中的应用

目标成本管理是企业成本控制中一个十分关键的部分，其在企业运营管理方面起到了显著作用，可以在保障质量的同时，最大化减少各个项目的费用和风险，进而可以提高企业经济效益。当前，有很多企业均以普遍采用目标成本控制的方式，其可以使企业及早适应现今经营经济迅速发展和竞争激烈的市场环境，进而能够提升企业竞争力以及经济利润。文章介绍了企业运营管理方面目标成本管理模式的具体运用。

目标成本，指为达到企业利润设置的成本控制目标。目前，目标成本控制被推广使用在企业运营管理方面，使用效果良好，而且被企业高度重视。当前国内大部分企业运营管理方面，目标管理依旧处在起步阶段，为了更好确保企业运营管理效果，本节对目标成本控制进行详细介绍，以期为企业健康发展提供帮助。

一、企业运营管理中采用目标成本管理的意义

有助于企业的长久生存及持续发展。企业加强目标成本控制是在全面把握企业内部实际情况、调研市场具体行情，整体研究能影响企业内部及市场的各种因素后设置的成本目标，存在较大的科学性，对降低企业浪费，合理使用资源具有显著作用，保证生产活动顺利完成，并合理使用人力以及物力等资源，对调动参与人员的生产热情，提升企业效益，增加职业员工的热情，促进创新等有显著作用。因此，强化企业目标成本控制是企业迎合市场经济的需求，增加竞争力，全面发挥管理的价值，推动资源合理分配，节省成本，提升企业经济利润的关键举措，要积极引起重视与使用。

有助于提高企业核心竞争力。近几年，我国市场经济发展非常快速，企业所遇到的市场竞争力逐渐激烈。若要更好保障企业经营，确保其不会在激烈的市场竞争环境下被淘汰，就必须了解企业优势，且将之充分体现出来，进一步缩小行业差距，确保本身在市场上的竞争水平。目标管理是一种新的管理方式，目前已在各大企业内逐步推广，管理人员也越来越注重目标管理，把目标成本管理融入企业运营管理之中，可以有效管理企业运营成本，确保其盈利水平，进而不断提高企业在市场上的竞争水平，保障企业可以更加迎合目前激烈的竞争局势，并得到有好有快的发展。

二、目标成本管理于企业运营管理中产生的问题

管理理念较为滞后。许多企业觉得管理成本是一种减少开支的办法，加强成本管理的目的在于降低成本，并未准确重视企业产品在市面上可以获取的效益。所以，企业对成本

控制的认识存在误差，实行简单的减少成本的成本管控。目前，许多企业将目标成本控制局限在企业内部运营之中，未考量用于企业外部运营业务中。内部环境实施成本管理的重点是企业中的资源，而企业外界运营环境包含顾客、供应商和零售商等，相对比来说，企业外部运营环境更可以影响企业的成本控制。此外，企业开展内部运营管理时，仅仅注重管理生产的制造过程，未对开发、销售和售后服务等过程进行成本管理，因此，成本控制理念存在明显的局限性，成本管理的应用范围很狭窄，降低了成本管理作用。

未制定完善成本管理制度。完善的成本管理制度是有效展开成本管理的关键前提。当前，我国许多企业对成本控制制度制定不健全，未制定健全的规章制度，无法为成本管理带了良好保障。企业存在重生产、轻管理的现象，一定程度上忽略了成本管理的意义，所以，导致目标成本管理很难顺利实施，导致目标成本管理比较形式化，无法起到真正的意义。

目标成本控制责任模糊，考核不合理。企业缺少准确的成本管控，企业在开展成本管理时仅仅注重事中与事后过程，忽视了生产前的成本管理。所以，不能保障企业在整个生产环节进行严格的成本管理，未真正了解到成本形成的根本原因，导致对成本数据的搜集与整理产生误差和不全面，令企业不能准确高效的分析与管理成本。此外，也有部分企业采用了激励措施，使职工的绩效考核与目标相统一，注重经济效益与实现工作目标，进而造成员工盲目追求实现目标，忽略成本是否超出管理范围，在目标成本管控环节责任模糊，极大耗费了企业资源。

目标成本控制工作属于整个企业所有职工参加的活动，基于生产前的预计、生产中的管理与事后的反馈考评，以这些活动来确保目标成本控制的顺利实行。但是，在具体实施阶段，有些企业管理制度不健全、不具体，只是采用财务指标考评成本控制，未从真正意义上评估管理的结果，进而无法有效调动职工参加管理活动的热情。

三、企业运营管理方面实行目标成本管理的策略

形成科学的成本管理理念。当前，国内经济环境持续变化，形势日益复杂，随着世界经济的迅速发展，市场竞争环境越来越激烈，为迎合目前的经济形势，企业内管理人员要注重对运营模式的创新。为提升企业竞争水平，就必须加强目标成本管控，方可让企业获得显著经济利益及可持续发展。因为以往的财务管理模式长时间影响到管理者的成本理念，所以想要创新成本管理方式，就要求员工形成科学的成本理念。企业能采用精细化管理模式，在企业中建立整体化、系统化的目标控制系统，确定各部门的责任与目标，各部门开展分层细化成本，细分至各生产活动上。企业还应当制定科学的奖惩制度，采取鼓励手段来调动员工加强成本管理的热情。

制定完善的目标成本管理体系。目标成本管理体系是有效开展成本管理的基础与前提。在核算成本时，应按照市场价格，来科学核算公司的内部价格，确定企业各部门职责，尽量减小与市场价格区别。另外，还应结合企业的长期目标，来设计与制定完善的目标成本

管理体系，进而防止管理制度在应用的时候产生明显的误差，根据企业结构特征，来准确细分目标责任，严格根据企业制度加以监督和控制，方可及时找出问题并妥善解决。

加强考核。应实时管理企业的经营进度，以年度为界限设置具体的可实现的目标，而且把目标细分至各季度或相应的时间阶段中，再把完成的各项成果及进度及时报告与总结，按照各项目及生产中心的效益状况加以排名，再进行分析，接着具体采取奖惩手段，对职工进行激励且提升他们的竞争意识，让职工可以更好地实现工作目标。企业也应加大对管理业务的监管力度，基于监察可以及时找到问题并立即处理，让企业可以获取最大化经济效益。

目前，国家经济快速发展，市场经济逐渐激烈竞争的环境下，企业若想在激烈的市场背景下提升竞争水平，占据良好的市场地位，就必须注重对目标成本的管控。经过分析当前国内企业成本管理应用中产生的问题，以找出对策，让企业目标成本控制可以得到充分发挥，不断提升企业市场竞争水平，让企业可以得到长远发展。

第三节　金融管理在企业经营管理中的应用

现代企业经营管理的核心内容是金融管理，金融管理推动着现代化企业经济的发展脚步，并为企业的整体经济的循环增长创造了有利的条件。本节介绍了金融管理工作的基本理论，并分析了其在企业经营管理中的具体应用，希望能帮助我国的企业取得快速有效的发展。

随着我国经济的快速发展，市场经济中企业的地位也越来越重要，所要承担的功能也越来越多，并且已经成为我国企业的中坚力量。金融管理是基于货币资金管理制定的企业经营管理的办法，企业若想提高市场竞争力与现代化信息接轨，那么企业金融管理就必须要加强并完善，以确保在经济增长的目标下实现企业金融管理工作内容的最优化，同时确保企业始终保有积极增长的发展态势。经营管理在企业日常运行中占有重要的地位，而金融管理作为企业管理的重要组成部分，与企业未来的发展息息相关，并影响企业在市场竞争中的地位和竞争力，因此，企业要想提高自身的市场竞争力，必须重视金融管理。本节主要针对企业金融管理中存在的问题，分析了金融管理在企业经营中的现状，并提出了相应的对策，希望有助于提高自身的金融管理水平。

一、企业金融管理的基本内涵

企业经营管理中的金融管理就是对货币资金的管理过程，它涵盖了资金的流动、资金的结算和资金的交换等重要内容，目的是实现企业资金的有效管理。因此，作为企业管理中的核心，金融管理围绕着企业现有的资源、日常的管理等相关要点而开展，同时在市场经济中有效开展经营活动，维持自身的良性发展，以确保企业经营管理的整体稳定。企业金融管理的好与坏，直接关系到资金融通的好坏；企业的利润空间越大，那么企业成本的压力就会越小，相反如果企业金融管理得不好，那么就会加大企业的压力，严重阻碍企业的发展。

二、现阶段我国企业经营管理中存在的问题

企业的金融管理方式方法传统、落后，与时代发展不符。在我国的大部分企业中，企业的金融管理方法仍很传统、落后，且体制并不完善，与新时期的企业发展道路严重不符。传统的金融管理模式，在实际的工作中也没有聘用专业的金融管理人才。金融管理上的资金投入相对较少，现代化的金融管理设备并没有完全应用，也就导致了现阶段的企业金融管理方式方法的落后，且并不能与瞬息万变的市场经济有效结合，给企业的长期有效发展带来了诸多的风险。对于企业经营管理来说，至关重要的就是要不断创新经营管理模式。只有这样，才能使经营管理工作迈上新台阶，特别是在当前金融管理工作越来越受到企业重视的新形势下，企业应当进一步强化金融管理的职能和作用，提高企业金融管理水平。

缺乏专业的金融管理技术人才，储备力量严重不足。从我国现阶段的企业金融管理人才现状来看，大部分的企业金融管理队伍年龄普遍偏大、金融管理的经验也相对丰富，能很好管理企业的各项金融工作，但是现代化的市场信息发展是瞬息万变的，部分年龄偏大的人员难免会跟不上市场的变化发展，且对现代化的金融管理设备并不能很好的应用。而且，现代年轻的金融管理储备人员严重不足，这也是制约大部分企业金融管理工作发展的重要因素。

企业的收款能力不足，资金回笼不能很好执行。资金回笼，收款问题一直是所有企业面临的重大难题。因为企业没有相关的金融管理制度和专业的金融管理人才，也就不能对借款企业进行有效的金融评估，对其所存在的借款风险就不能规避，同时对借款单位自身的资金管理情况没有实时掌握，因此，一定程度上就增加了企业资金回笼的难度。

部分企业的资金管理方式不够合理，金融管理工作杂乱无章。大部分的企业发展中心始终是在市场的开发和拓展上，而对企业的内部组织结构和金融管理制度并不够重视，也就导致了企业金融管理工作的杂乱无章。组织结构的不合理，金融管理工作又杂乱无章，没有专业的金融管理人才，这样的情况下会导致问题发生时不能有效处理。这样非常不利于企业的长远可持续发展，企业金融管理的压力也就越来越大了。长期下来，企业就会陷入越管越忙、不管还乱的境地。

三、加强金融管理在企业经营管理中的应用措施

建立科学完善的金融管理机构。大多数的企业为了节约资金成本，弱化了各个组织结构，且在公司的金融管理上没有专业的技术人才进行专门管理，公司的收入情况也都是领导亲自签字代为管理，很不专业。所以，企业要设立专门的管理部门，设立专门的科室和专人管理公司资金的收支，或者设立专门管理项目款项回收的人员和部门，专门设立工资发放人员等，这样企业的金融管理工作就会步入正轨，各部门之间互不干扰。另外，企业要根据不同的资金流向，设立不同的资金回笼制度，通过专员做好责任划分，以防止工作懈怠问题的产生，同时加强专业的金融管理队伍的建设，促使企业金融管理工作更好的发展。

加强建设企业金融管理专业人才队伍，设置专人管理。企业的金融管理说到底就是依靠人的管理。因此，要想提高企业的金融管理水平，促使企业金融工作有效的运行，就必须要加强金融管理的专业队伍的建设，对企业的资金管理设置专门的管理人员。同时根据市场经济的不断发展，吸引更多优秀的、专业的金融管理人才，协调内部人员的专业知识培训，以建设一个综合素质极强的专业金融管理队伍，确保企业金融管理工作的有效开展。

规范企业的资金预算编制工作。资金的预算是企业管理中的一个重要环节，资金的管理好坏决定着企业能否正常的运转和利益的获取。所以企业资金的预算编制一定要重视起来：①要根据实际的运转情况，根据事实调查取证，同时结合相关的数据分析得出结果，严禁随意编制、脱离实际；②资金的预算编制不可随意调整，除了有把握确定以前的工作出现纰漏；③资金的预算过程也一定要坚持公平公正的原则，秉承事实，切忌主观臆测，以确保准确的资金预算。

建立健全企业金融信用评价机制，拓展资金融资渠道。企业在向借款单位借钱之前，必须对该单位的各种实际情况进行实地考察、评估，以确保合作单位的产品质量、品牌宣传以及资金的收支情况没有任何问题，同时根据调查的情况以及公司的相关金融评价机制来决定是否与之合作，以避免因企业信用不好而导致公司资金的损失。

与此同时，为了增加企业资金的融资渠道，企业可以直接上市进行融资，上市融资的要求相较于从银行所得的资金要求会低一些，拓宽资金的来源渠道对企业的转型发展起着重要的推动作用。

有效推进企业金融管理信息化的建设。金融管理是企业经营管理工作的一项系统性工程，其流通的资金账户相对烦琐，工作管理难度相对较大。因此，做好资金账目的往来运行工作，需要积极推进企业的金融管理信息化的建设工作，更是企业改革的重要表现，有利于企业对资金的集中管理，提升了资金的使用效率，并有效地控制了资金流动的风险，也防止了因企业内部因素导致的资金流向不清问题的发生。企业在金融管理信息化的引领下，实现了企业的资金流、信息流、工作流的高度统一。

综上所述，企业的金融管理是企业管理的重要组成部分，金融管理的地位也越来越重要，加强建设企业的金融管理工作，对企业在现代化市场经济中的发展提供了重要的途径。金融管理是当代企业的重要管理任务，应当从金融管理的专业性出发，构建合理的金融管理体系，创新金融管理工作的方式方法，着力形成统一的金融管理机制，提高金融管理水平。优化企业内部的金融管理结构，可以有效地控制企业的运行成本，对拓宽资金融资渠道有着积极的作用，正确认识金融管理作用，企业才能实现可持续的发展。

第四节　企业生产经营管理中 ERP 应用

针对企业生产经营管理，在简单分析基于 ERP 的企业生产经营现代化管理主要特性的基础上，对其在企业生产经营管理过程中的具体应用进行深入分析。

ERP，即 Enterprise Resources Planning，企业资源计划，将现代化管理作为基础，充分借助信息技术形成完整管理体系，为企业的计划、控制与决策等提供全方位统一管理平台。

一、基于 ERP 的企业生产经营现代化管理主要特性分析

ERP 系统是一套集成了 ERP 管理理念与企业具体业务流程、借助于 ERP 计算机应用软件来实现新型企业管理模式的企业资源管理系统。用以支持企业主要的核心业务流程，通常包括：财务会计、生产计划、销售分销、物料管理、工厂维护、人力资源等；整体、实时地提供与各项业务相关的数据，包括以前难以及时获取的数据；可以向领导者提供企业整体的状况，反映企业的盈利能力和各项业务活动的情况；所有业务处理和活动通过统一的数据库进行及时更新，以改善用户存取、提高业务信息质量、减少数据校验，内嵌了可配置的行业最佳业务模式。

即时性。基于 ERP 系统实际状态，资料既处于联动状态，又能实现随时更新，所有相关人员都能及时调取所需资料，这是过去需要动用大量人力资源才可以完成的。通常情况下，对企业市场竞争实力有影响的因素有很多，但最重要的影响因素是对信息的把控能力，还有对市场情况及变化的调查和了解。在信息时代，不仅要知己知彼，而且还应实现即时性。比如，在外汇市场中，企业实行国际化经营，涉及外币的业务日益增多，逐渐面临很多风险和实际问题。若未对货币汇率、订单、交易和账款等实施即时运作和控制，则即便可以收获利润，也会由于汇率的频繁波动而产生缩水。

集成性。基于 ERP 系统实际状态，对信息进行集成是使决策实现科学化的重要基础。引用 ERP 系统前，知识库中现有知识大部分都是过时的，甚至是局部、片面和失真的。

产生这一现象的主要原因为信息集成机制有待完善，这是一个十分重要的影响因素。此外，现有信息系统处在组织频繁变化的情况下，要花费很多精力与时间进行修改和串联。而在引入 ERP 系统以后，针对这种变化，能轻易完成衔接，保证规划的准确性与合理性，将控制严格落实到实处，使实际数值和预算差异研究及管理控制等变得更加高效、准确。

二、ERP 系统在企业生产经营管理过程中的具体应用

鉴于 ERP 系统所具有的作用和特点，它在企业中的应用表现出良好前景。以财务会计为例，其作业方式始终以事后收集与数据反映为主，决策支持与管理控制较为薄弱，无论是时效性，或是针对性，均很难发挥应有作用。如果企业产生危机，则最先受到影响的就是企业财务，采用 ERP 系统之前，伴随计算机技术快速普及，基本上所有企业的会计部门都能利用计算机进行信息处理，同时通过对其他硬件的引入，不断提高信息处理效率，从会计核算角度讲，这是一次很大的进步。然而，在与其他专业的系统进行集成的方面，会受到功能和技术等多个方面的约束。对此，全面应用 ERP 系统，既能在很大程度上对以上缺陷予以反映，还能借助这个平台，实现各类资源及信息的集成，为后续的发展决策提供可靠依据。

对会计核算而言，其任务是记录、核算，并对资金在整个经济活动过程中的实际变动情况和结果进行分析与反映，由以下几个部分组成：总账、应收账、应付账、现金、资产和多币制。基于此，在物理层面，以 ERP 系统为基础的企业会计核算，包含以下子模块：（1）总账子模块；（2）应付帐子模块；（3）应收帐子模块；（4）现金管理子模块；（5）资产核算与管理子模块；（6）多币制子模块；（7）员工工资核算与发放子模块。现以其中的现金管理子模块为例进行分析，其目的是对现金的实际流入和流出进行控制，并对存款和现金进行准确核算。EPR 操作软件当中，通常可以提供票据的维护和打印、查询等使用功能。另外，还能实现子模块集成，实现凭证的自动生成。

对财务管理而言，它将会计核算相关数据作为基础，对其进行有针对性的分析，开展预测活动及管理控制。可见，财务管理将重点放在了财务计划制定、控制和分析预测，在做好事前计划的基础上，加强事中控制与事后的反馈，但采用 ERP 后，相应子模块能从最初的信息反映，到信息处理，再到最终财务管理决策提供可靠的技术支撑。以上转变主要体现在下列方面：在充分吸收的基础上，内嵌了当前十分先进的实践经验，对财务管理与会计核算对应的业务流程进行了有效改善，能在为企业提供国际化经营基本支持的前提下，为分布于不同地区的机构创建一个完全统一的财务管理及会计核算大平台，可以满足不同地区相应的法律法规和具体要求。比如，可对多币种进行会计处理，能实现不同币种之间的相互转换；能实现不同国家会计实体之间的合并；支持以 Web 为基础的财务信息现代化处理。此外，为了给企业的后续发展提供支持，促使以 Internet 为基础的系统得以合理应用，对于部分财务信息，可采用 Web 进行收集与发布。以上无一例外都依赖于

ERP环境，虽然采用人海战术也能实现，但获得的效益和采用ERP系统是无法相提并论的。

对于现代化的成本管理，必须要有一个可以对企业成本实际变化进行协调和监控的系统，通过协调，使业务活动均面向于市场实施运作。引入ERP系统之后，成本管理所用程序均用相同的数据源，同时使用标准且统一的报告机制，而且由于用户操作界面有相同的结构，所以能为操作提供方便，实际监控能贯穿整个活动过程。在发现差异和问题后，可以立即进行分离，同时采取有效措施予以纠正，基于ERP系统的企业成本管理主要有以下几个子系统：成本中心会计了系统；订单与项目会计子系统；获利能力分析子系统。其中，订单与项目会计子系统具有很高的网络化水平，用于对成本信息进行收集，同时通过计划和结果的比较进行协调，并实现对订单及项目的实时监控。系统可以提供多套备选方案，为活动计划及其执行的优化提供依据。

通过以上分析可知，ERP是一套理论先进的现代化管理系统，它的引入能改造并创新企业现有的管理模式及各项业务流程。该系统将计算机网络作为基础，使企业管理实现一体化与集成化，同时对所有类型的资源及信息进行高度整合。对企业而言，需要充分考虑自身实际情况，结合现有的优势，积极引入并实行ERP，以此达到提高管理水平与保证决策科学性的目标。

第五节　国有企业经营风险信息管理平台建设与应用

目前，企业外部宏观经济形势复杂多变，外部监管愈加严格，如何提高风险防范意识，推进风险防范管理，持续优化风险防范手段，并不断完善风险管理方式，已成为国有企业持续发展的内在要求。基于对国有企业经营风险全面诊断与分析的精益化管理需求，本节拟进行国有企业经营风险信息管理平台建设，实现对风险检查任务规划、检查项目调度、检查作业实施、检查成果运用、检查资源整合、检查数据挖掘、专业知识分享、人才队伍建设等方面的数据贯通及一体化管理及运用，从而满足不同层次的管理需求，提升企业对各类经营风险管理的精益化水平与标准化程度。

一、建设国有企业经营风险信息管理平台的主要目的

目前，国有企业外部宏观经济形势复杂多变，需要频繁接受各类内外部检查，各类检查成果往往零散分布于不同的检查任务中，缺乏系统性、全面性和直观性展示，对企业经营风险的全面诊断与预防缺少信息化工具与手段。对于大型央企集团，他们往往掌握着中国的核心制造工艺和技术，是中国制造真正的主力军和正规军。基于此，本节尝试借助信息化手段，建立国有企业经营风险问题分类标准化体系，研发应用国有企业经营风险信息

管理平台，设立多维度指标智能分析检查成果，满足不同管理层级需求，实现对各类经营风险的准确把握和预警提示，提升国有企业对各类经营风险管理的精益化水平与标准化程度。

建设国有企业经营风险信息管理平台，主要有以下四大目标。①实现检查项目的全覆盖。从检查方和被查方两个层次，将企业接受或开展的"依法治企"检查、财务专项检查、审计检查和税务检查等各种与企业经营风险管理相关的项目全部纳入平台资源库，充分保障数据库的全面性和风险类别的完整性。②实现检查作业的标准化管控。固化各类检查任务的标准操作体系，建立统一的作业模板，科学合理地根据任务内容调配业务专家，通过标准化流程控制、智能化辅助分析、模板化档案管理、人性化操作指引等，充分保障作业过程的规范化管理，进行准确全面的数据统计，提升检查作业的实施效率。③实现经营风险的智能分析与风险预警。利用全面整合的风险管理信息系统平台资源，对公司管理风险较大的领域和管理薄弱的单位进行智能分析，给出风险预警提示，辅助风险检查项目计划科学、合理、有序安排，提高企业经营风险防范能力，健全"事前预警预防、事中在线监控、事后检查整改"3道防线。④实现全面的法规支撑。按照实用性和精简性原则将各类财经法规和公司系统内发布的制度全部录入信息平台中，通过关键字查询，快速查询政策法规原文，在为各类检查作业提供有力检查依据的同时，满足企业日常管理工作需求。通过完善基础管理制度，进一步明确工作方式、责任分工和组织程序，促进风险管理与内控工作的制度化和规范化。

二、建设国有企业经营风险信息管理平台的路径

开展项目前期规划，明确平台功能需求。为确保本平台具备充分的适用性和应用性，应认真做好初期立项审题工作，组织专业骨干全过程参与项目前期规划，对拟建设的平台进行经济可行性分析和评价，以管理效益为核心，重点关注项目管理效益指标，通过项目需求梳理出包含项目管理、过程控制、辅助决策方面的业务层架构，并最终明确包含智能化财务检查规划与计划管理、检查作业过程与质量标准化管控、检查成果智能分析应用与风险预警、检查作业绩效考核与评价体系、业务专家综合信息管理、政策法规资源与知识综合应用等各大体系的平台功能。

细化经营风险业务分类，精确把控风险等级。近年来，国有企业经营管理融入了COSO（The Committee of Sponsoring Organizations of the Treadway Commission，美国反虚假财务报告委员会下属的发起人委员会）先进的全面风险管理和内部控制理念，初步构建以风险管理为导向，内控流程为纽带、稽核评价为手段的经营风险管控体系。国有企业在全面风险管理体系下，建立了覆盖"三重一大"决策、营销管理、项目管理、招投标和物资管理、财务资产管理、人力资源管理等诸多业务领域的企业经营风险问题体系。将每项检查任务中发现的问题精确对应至其风险类别下，并对风险分类按照重要风险和一般风险

的权重等级进行模型设置，采取不同的提示符标注风险等级，合理科学地定义企业经营风险。经过不断探索和努力，使国有企业风险管理工作更加顺应企业发展需要，经营风险诊断工作内涵更丰富、方式更多样、手段更先进。

传承优秀管理经验，固化检查作业标准流程。国有企业应持续探索财务稽核工作的标准化业务流程，选取个别单位作为试点，抽调业务骨干开展财务稽核工作，重点从稽核工作过程中的每个环节点确定最佳实施流程和相应工作档案。试点工作结束后，采用专家集中座谈的方式，编制完成《财务稽核规范指南》，从被查方和检查方两个层次，覆盖"准备 - 现场实施 - 报告 - 整改 - 总结"全闭环工作阶段的关键控制点、稽核程序、稽核档案和稽核要求，为公司日后开展各类检查任务提供规范指引。在平台建设过程中，可以深入挖掘和提炼历年检查工作的优秀做法，梳理和固化企业经营风险检查业务操作指引，构建包含风险检查内容、风险检查程序、风险检查技巧、相关法规依据等方面集成一体的检查业务操作指引，使企业经营风险管理作业流程标准化。

构建知识资源搜索引擎，提供检查过程政策支持。按照经营风险的业务分类，全面梳理各类财经法规和企业系统内各业务层面的关键制度，在线植入信息管理平台，实现案例库、典型经验库和法规库的云端归集，提供搜索引擎关键字查询功能，对于风险体系中存在的问题，梳理出与之相匹配的法律法规，使企业经营风险管理由业务知识库体系支撑，在实施检查任务时，快速提供用于判定问题的政策依据，保障检查任务的工作效率。

全面转化检查成果，构建多维度统计分析模型。为全面运用各类检查成果，企业应创新构建经营风险成果分析决策模型。主要包括建立高频经营风险问题的时间维度分析、高频经营风险问题的区域维度分析、多发经营风险问题的时间维度分析、多发经营风险问题的区域维度分析、违规违纪问题的金额维度分析、大额度违规违纪问题时间维度分析、大额度违规违纪问题分布区域分析、屡查屡犯问题分布单位情况分析、屡查屡犯问题分布区域情况分析和高危领域风险预警预判等模块。

三、建设国有企业经营风险信息管理平台的主要创新点

实现企业风险管控，为宏观决策提供数据支撑。通过积累企业风险管控成果数据，横向、纵向、多维度、高自由度组合数据，制定完善的数据挖掘机制，为企业风险管控的宏观决策提供数据支撑。利用高度整合的企业经营风险数据挖掘模型，实现智能辅助决策，对公司管理风险较大的领域进行风险防范，及时对企业经营高风险领域进行分析预警。

实现检查工作的标准化。各业务按标准化的流程开展工作，实现线下线上高度融合，形成适应集约化管理要求的工作规范，并按照财务标准化和规范化的要求，进一步理顺工作机制，规范前端业务信息采集，建立职责清晰、压力到位、协同高效的管控模式。通过标准化流程控制，提高检查工作的全面性，形成从工作前期、工作过程、工作报告各阶段的任务内容、工作文档全覆盖；实现查深查透，杜绝屡查屡犯现象。同时，还要对企业开

展绩效考核工作。

实现检查工作的智能化。通过智能化分析工具，降低风险发现难度，拓宽风险发现的深度和广度，让非检查专职人员迅速掌握检查工作要点，提高工作效率，同时，减少内控体系在执行过程中的人为干扰，防止内控体系在实际运行中变形走样。

实现检查工作引导的科学化。通过历年各类内外部专项检查成果，构建强大的成果库和案例库。在后续新的检查任务开始前，可参考成果库与案例库，快速便捷地明确工作方式、责任分工和组织程序，促进风险管理与内控工作的制度化和规范化。

实现检查工作与内控工作紧密衔接。通过对检查暴露出的问题进行深入分析，实现检查工作向内控流程、制度的管理短板进行透视，并延伸开展对内控流程的环节自查，将事后控制变为事中、事前控制，积极建立完善的内控制度与流程，增加并穿插到业务流程控制点。

实现检查工作全过程闭环管理。重视检查工作环节，对于在检查中发现的问题，按照固定模板制定整改通知书，下发至被整改单位，并根据被整改单位反馈的整改计划、整改期限和整改完成情况，及时录入系统中，实现整改内容层层分解、责任层层落实，建立闭环管控机制。对于整改过程中完善起来的内控制度，一并将整改佐证材料录入系统中，使管理制度和管理程序进一步科学化、规范化、标准化，推动管理活动规范、有序、高效。

国有企业经营风险信息管理平台建设完成后，要从技术手段上，改变过去常采用的手工检查、现场检查等传统方式，建立在线工作信息平台，提高检查工作实时监控和动态预警能力；从成果运用上，改变过去检查成果运用渠道单一、相互割裂的局面，探索建立检查成果与风险内控互动机制，深度融合标评价与内控评价，提升各类内外部检查成果综合运用效果。目前，风险防范系统建设仍处于应用初期，未来要进一步提升研究高度，按照风控管理理念完善问题库，继续优化系统功能配置，调整完善业务逻辑架构，在对财务领域开展的业务检查全面适用的前提下，向其他业务管理领域推广。

第六节　项目管理在企业经营管理中的应用

对于供电企业经营管理而言，项目管理是一种重要的管理手段，通过项目管理的应用，不但能够聚焦企业的发展目标，同时还能够对企业的经营管理工作进程进行有效的监督。结合供电企业的发展实际，深入了解项目管理的优势以及项目管理在企业中的具体应用，对企业的快速发展和经营管理水平的提高具有重要意义。为此，应当根据企业经营管理的实际需要，推进项目管理的全面应用。

结合供电企业的经营管理实际，项目管理是一种独具优势且行之有效的管理手段，能够对企业的经营管理过程实现全面的监督。项目管理能够聚焦企业管理目标，将企业的具体管理工作，按照项目模块的形式加以推进，使整个项目管理能够在落地实施中具有明确的目标和确定的指向性，在项目的整体推进中满足实际需要。因此，应当结合供电企业的经营管理实际，重点探讨项目管理的优势以及项目管理的应用，为供电企业的经营管理提供有力的手段支持和方法保证。

一、项目管理的定义

项目管理主要是对项目进行管理的一种方法，项目是在一定时间内、一定预算范围内需要达到预定质量要求的一次性任务，在管理过程中需要用专门的管理手段对其进行管控。在管理过程中项目管理具有独特性、临时性，项目管理的目标主要是控制时间成本和过程质量等，这些因素综合在一起构成了一个项目。项目管理主要是对固定的管理内容和管理体系实施管理，在管理过程中通过对监督手段的应用、管理机制的优化以及对整个项目流程的梳理和重塑，形成有效的管理机制，推动项目的有序进行，并且在项目的推进过程当中能够满足项目的实际需要，这一方法被称之为项目管理。目前项目管理广泛应用在企业的经营管理中，对提高企业的经营管理效果和满足企业经营管理需要具有重要作用，通过项目管理的推进，使得企业在经营管理效果上有了更强大的保障。

二、项目管理在供电企业应用中的优势

（一）项目管理能够聚焦企业发展目标

从供电企业的发展来看，在供电企业经营管理中应用项目管理的优势在于，可以聚焦企业的发展目标，可以根据企业的发展需求采取相对应的项目管理，并且将具体管理工作和管理内容分割成若干个项目，推动项目管理的实施。通过项目的有序推进，能够确保供电企业的经营管理目标获得有效的监督和管控，确保企业的经营目标得到落实，并在落实中取得最大成效。因此，项目管理对聚焦企业发展目标、分割企业发展任务和提高企业经营管理水平具有重要作用。这一优势是项目管理对供电企业的重要支持，同时也是项目管理在供电企业应用过程中能够取得效果的关键，基于项目管理的优势，在供电企业经营管理中全面应用项目管理，既是提高企业经营管理水平的关键，也是推动企业发展的重要选择。

（二）项目管理能够有效控制工作进程

由于项目管理具有较强的目标导向和管控能力，在对项目工作的管控方面具有突出优势，特别是对项目工作的进程能够实现有效的控制，能够根据项目的实际情况和项目的具体实施过程，关注项目实施过程中的问题和难点，采取有针对性的方法予以解决。通过项目管理的实施，能够时刻紧盯项目的工作进程，能够对工作内容以及工作的实施情况进行

监管，从而提高项目管理的整体效果。因此，对于供电企业而言，在具体的经营管理工作中，利用项目管理对工作进程进行有效控制，不但能够提高对工作进程的管控效果，还能够实现工作进程中的有力监督。通过项目管理的方式及时进行纠偏，对存在的困难和问题予以重点关注，制定有针对性的应对策略，提高工作内容的完成率。

（三）项目管理能够实现有效的沟通与交流

项目管理在推进过程中，能够与外界实现良好的沟通和交流，也能够在项目组内部进行充分的协商，使整个管理工作环境得到优化。通过项目管理的实施能够使供电企业的整个管理流程和管理体系更加完善，对推动管理工作进步和解决管理工作问题具有重要作用。从这一点来看，项目管理能够实现基本的沟通和交流功能，对整个项目的推进和经营管理工作的实施具有重要意义。基于这一特点，项目管理如在供电企业经营管理中进行推广和应用，可以根据供电企业的发展需要，将经营管理工作划分成不同的板块，并按照项目管理的方式推进和监督。同时，项目管理有助于在各个板块之间形成良好的沟通与交流，并且在具体沟通交流中满足快速性、目标趋向性要求，提高沟通交流的质量。

三、项目管理在供电企业中的具体应用

（一）固定资产投资项目

基于供电企业的发展实际和项目管理的优势，在供电企业经营管理中，应用项目管理已经成为重要选择。在固定资产投资项目中，应用项目管理能够实现对固定资产投资项目的有效管控。在供电企业中固定资产投资项目投资金额大、管控难度大，在整体的管理过程中管理环节复杂，涉及的管理因素相对较多，传统的管理方式难以实现对整个固定资产投资项目全过程的管控利用项目管理。项目管理不但能够推进固定资产投资项目的有序实施，还能够利用其专业性和目标导向性优势，对整个固定资产投资项目进行全过程的监督，使固定资产投资项目能够在投资有效性、投资安全性和投资风险管控方面取得积极效果。因此，项目管理作为一种专业的管理手段，对于供电企业的固定资产投资项目实施而言具有重要意义，在实际应用中也能够取得积极效果。

（二）电网改造和大修技改项目

电网改造和大修技改项目是供电企业的重要工作内容，在具体实施过程中，项目具有一定的复杂性，涉及的因素较多，采用项目管理的方式能够将电网改造和大修项目细化，并按照单一项目的形式进行逐个的管理，使电网改造和大修技改项目在管理过程中目的性更强、方法更直接、管控效果更理想。通过具体项目管理的实施，能够推进电网改造和大修技改项目精准落地，并对电网改造和大修技改项目的具体工作内容进行监督，通过对电网改造和大修技改项目的工作内容、工作进度以及实施情况进行全面的监督和推动，保证

供电企业在电网改造和大修技改项目的管理成效上得到有效提升，满足企业和电网的发展需要，满足人民群众对供电服务的需求。

（三）用户接入项目

供电企业中用户接入项目是重要的工作内容，在用户接入项目中，施工环节复杂、影响施工有效性的因素较多，并且需要严格控制工程的进度，使工程的进度能够满足用户的实际需要，避免工程进度慢影响用户的电力需求。因此，在用户接入项目中根据电网发展实际和用户的用电需求实施项目管理，通过项目管理的方式对整个用户接入项目进行有效的管控和监督，提高用户接入项目的推进质量和速度，确保用户接入项目能够在实施中得到精准管控。项目管理应用在用户接入项目中，能够解决用户接入项目施工速度、质量和工期难以把控的问题。

（四）技术研究和技术开发项目

供电企业在发展中技术研究和技术开发项目相对较多，为了规范这些项目的运行，使每一个技术研究和技术开发项目都能够聚焦目标、总结结果，在推进过程中实施有效的管控，应用项目管理能够达到这一目标。通过项目管理实施，能够对基础研究和技术开发项目实现全过程管控，并且能够保证技术研究和技术开发项目的具体措施落地，推进项目有序开展。在保证技术研究和技术开发项目正常推进的前提下，还能够为项目协调必要的支持资源，使技术研究和技术开发项目能够在开发过程当中速度更快、成果更明显、效益更突出。因此，应用项目管理对于提高供电企业的技术研究和技术开发项目的落地实施效果具有重要作用。

结合当前供电企业的经营管理实际，在企业的经营过程中，应用项目管理不但能够提高企业的整体管理水平，同时还能够保证企业经营目标的全面实现和经营过程的有效管控。因此，应当结合项目管理的优势及特点，根据企业的发展实际，加强项目管理在企业经营管理过程中的应用，使项目管理成为供电企业经营管理的重要手段，为企业经营目标的实现提供有力抓手和有效支持。

第七节　区块链在企业经营管理中的创新应用

区块链技术是一种通过在固定时间内的强一致性分布式储存，提升数据分布的冗余性，进而防止数据被篡改，增加数据的可信度的新型技术。区块链技术给公司的经营管理带来了创新的难得机遇，为企业管理者提供了新的管理手段和管理理念。有利于降低不信任所带来的相关成本、提升企业的信用管理水平、提升对数据的安全管理水平，并推动企业组织向扁平化、网络化、虚拟化方向发展。

一、区块链概念的含义

区块链技术由中本聪在 2008 年所提出，其发表的论文《比特币：一种点对点电子现金系统》率先对"区块"这一概念做出了诠释，在他的理解中，所谓区块指的就是公共账本，而所谓链指的是"盖上时间"，具有不可伪造的性质。区块链可以通过在固定时间内的强一致性分布式储存，提升数据分布的冗余性，进而防止数据被篡改，增加数据的可信度，最终实现系统数据的共享和共享主体间的普遍认可。

如果从技术的角度来看，所谓区块链就是一种按照时间顺序让数据实现链条式排列，并进行验证和存储的技术。这种排列具有分布式的共识机制和数学算法集体生成和更新数据，这两者可以集体生成并共享数据，达到让区块链使用者在去中心化的前提下，实现对系统内账本的普遍认同。

二、区块链在经营管理中的创新价值

（一）有利于降低不信任所带来的相关成本

作为一种去中心化的技术手段，区块链技术可以让相关联的信息进行及时的更新和记录，并保存在每一个参与主体的账本上。在技术上，区块链不需要解决以往交易中的协作和相互新人问题，可以在最大程度上简化交易流程，降低人们在沟通和监督中所浪费的成本，有利于企业在生产经营中实现更大的经营利润。

（二）有利于提升企业的信用管理水平

在区块链中，所有节点共同维护所有数据的安全性和完整性，每个节点都可以获得对全体数据的拷贝和记录，从而保证数据公开透明、不受篡改。传统的互联网技术是以 TCP/IP 协议为基础的，虽然极大程度上提升了信息传递的效率，但是并不能解决网络用户间的相互新人问题。然而，企业作为一个复杂的牵涉多主体的管理体系，除了建立信息系统外，还需要采取一系列措施解决相互信任和协作的问题。传统设立监管机制会耗费大量的资金和人力成本。区块链通过建立多节点参与的共识机制，让参与各方从技术层面上成为一个网络下的一套账本，这彻底解决了以往的信息协作和相互信任问题，有利于提升企业的信用管理水平

（三）有利于提升对数据的安全管理水平

区块链中的时间戳和数据区块顺序相连等，这样一来，所有的数据就都被嵌套了一个不可伪造的标签，嵌套了标签的数据是不能被篡改并且是可以被追诉的。其次，区块链技

术所涉及的哈希算法、加密技术和电子签名等，从底层技术的层面上实现了对每一个数据的共享，数据只要在某个参与主体上有所改变，那么就会反应在所有的参与者的账单上，这真正实现了数据的课追诉管理，提升了企业对数据的安全管理水平

（四）有利于推动企业组织扁平化、网络化、虚拟化

企业的组织结构在很大程度上取决于企业所在的产业和行业的影响。在传统产业中，企业的组织结构一般都呈现金字塔型分布，职能部门多、层级多是传统企业组织的一个最基本的特征。这种组织结构便于集约化管理，但是对市场的反应能力往往较为薄弱。随着区块链技术的出现，其去中心化的思想被越来越多的企业管理所借鉴，传统的管理模式往往不利于企业应对由科技革命所带来的产业变革，小而精、高度灵活、适应性强的企业往往更能够凸显出优越性。这就要求现代企业以组织管理为抓手推动组织管理向扁平化、网络化和虚拟化的方向发展。

所谓网络化指的是淡化严格的等级划分，较少企业内部的纵向分工，增加企业内部的横向分工。由此，企业的组织结构就会从原先的集约式、集权式管理转变为相对较为平等和自由的管理模式。在这样的组织结构中，每一个小的经营单元将会被赋予更多的权责，从而释放出更大创新活力。虚拟化的组织结构指的是组织不再以权力、产权关系为核心的纽带，而是以计算机和信息网络为基础和支撑，以分工合作关系为联系纽带，由此形成一个动的态企业联合体。扁平化则是指不采取纵向的垂直分布的金字塔式的组织结构，而是以顾客需求为导向，在信息化网络平台的基础上，建立横向的价值流小组和工作团队，减少中层管理层的厚度，由此打破传统企业间的信息交流壁垒，实现权力的下沉和信息的上移。

三、浅谈区块链在企业经营管理中的创新应用范例

（一）区块链在财务审计方面的创新应用

在财务审计中应用区块链技术是近年来区块链应用的一个重要领域，有利于解决以往困扰财务审计工作的效率低、难度大等问题，可以在最大程度上保证审计工作的独立性、透明性和公正性。区块链技术主要通过每个节点在财务入账的时候会通过广播到其他节点核实匹配，保证了交易的真实性和完整性。这样一来，就可以降低企业财务欺诈的可能性，同时，因为区块链中的账单具有不可篡改和可追诉性的特点，也可以在最大程度上提升财务审计工作的效率。

（二）区块链在供应链金融方面的创新应用

供应链金融是近年来新产生的行业，指的是通过管理上下游企业的资金流和物流，让资源集中到整条供应链上最薄弱的环节。区块链技术可以与供应链上下游企业形成商业联

盟链，通过数据共享的形式，加强对资金流向的管控，从而实现资金流的闭关管理。最大的好处是可以在最大程度上降低以往企业主体、贷款人和放款人之间互相不信任的风险，从而达到供应链整体风险可控的目的。

（三）区块链在供应链物流方面的创新应用

传统的物流行业由于物流各主体间的信任问题导致物流运输的效率和成本很高，通过区块链则可以实现供应链在提升物流效率、提升信息销量、提升价值量三个方面有机统一，达到提升供需匹配度的目的。这主要是因为区块链上的信息是全透明的，所有产品的制造采购信息都是可追溯的。由此企业从资产、设备到产品的信息管理效率都可以有效提升，当物品发生假冒或者发生送货错误时，举证追查流程也可以做到全透明和高效率。

第八节　招标管理在企业经营中的应用

招标管理在企业管理中非常关键的一部分，通过招标方放出招标公告或投标邀请书，事先公布招标的工程、采购的货物以及服务的范围等各方面的具体要求，来邀请特定或不特定的投标方在规定的时间、地点按照一定的程序进行投标的行为。简而言之就是招标人按照规定的程序和办法在众多愿意承接业务的招标人中择优选择的一项管理活动。本节就我们石油企业的经营管理为例，浅谈招标管理的应用。

我国企业的管理制度随着国民经济的发展也在不断地完善，其中，招标作为参与经济竞争的重要手段，在各类经济活动中出现的频率越来越高。过去的招标方案多应用于重大建设项目上，如今在各个行业领域都有应用，招标内容也在不断扩大，物资的采购，基础设施和重点工程、重大业务等方面都有涉及。随着市场经济体制的逐步完善，不仅招标管理得到了不断的规范和完善，也在越来越多企业中得到了应用。如今，招标管理对企业的经营活动也有着深刻的影响，如何在企业中有效进行招标管理活动值得深思。

一、招标方式

工程项目的招标在国际上通行的有公开招标、邀请招标和议标三种。由于考虑到《中华人民共和国招投标法》中议标没有被规定为法定的招标方式，也就是说法律规定的强制招标项目不允许采用议标方式，但法律并不排除议标方式。所以我们在此浅谈公开招标和邀请招标两种方式。

公开招标。公开招标，又叫作无限竞争招标。招标单位通过电视、广播、报刊等方式发布招标广告，有投标意向的承包商均可参加投标资格审查，审查合格的承包商可购买或领取招标文件，参加投标的招标方式。

邀请招标。邀请招标，也叫作有限竞争性招标。招标方不发布广告，而是直接根据自己的经验和所掌握的各种信息资料，向有承担该项工程施工能力的三个以上（含三个）承包商发出投标邀请书，收到邀请书的单位有权利选择是否参加投标。

企业可以根据自身的具体情况对招标方式进行选择，两种招标方式各有千秋。公开招标和邀请招标都必须按规定的招标程序进行，制订统一的招标文件，投标人也都一定要按招标文件的规定进行投标。

二、中标企业资格审核

要确保中标企业的质量符合标准，就要对投标企业进行资格审核。通常来说有以下几种方式：

资格预审。投标单位来参加项目投标时要进行资格预审，主要是先简略地了解投标方的财务状况、信用度、资质、经验和履约能力等。一般来说，投标方都会派人来简略介绍自己企业状况，所以招标企业也可以趁此机会大致了解一下该公司员工的服务水平、经验和能力等。通过预审，可以直接剔除一些明显不符合要求的企业，同时减轻后期的评标工作。

资格后审。资格后审实际上与资格预审类似，是在招标方在公布招标文件，详细规定对投标方能力、资质、经验等方面的要求。招标方按照要求对不合格的投标方进行筛选，不合格的投标方及时进行废标，资格后审相对来说工作量会比较大，这就需要招标方加大审核力度，尽量在下一轮评审开始前处理完毕。

严格规定招标条件。除了资格预审和资格后审，还需要进一步控制中标企业质量。比如说适当提高投标标准，这个可以通过提高投标保证金来实现，直接阻挡住一部分实力不足的企业，或者提高违约保证金，以免投标企业随意毁约等，当然，除了对招标方进行严格的条件规定，还要按照规范严格要求自身，保证企业内部招标人员的公正严肃，恪尽职守。

三、招标程序控制

（1）招标组织的设立（或委托招标代理人）。确定投标项目的负责人。

（2）申报招标申请书、招标文件、评标定标办法和标底、资格预审文件。项目申请要通过计划管理部门的审批，才能去报该项目有可研、有立项、有预算。

（3）发出投标邀请书或发布投标公告。企业的自主招标，编制投标邀请书时内容要达到招标项目要求。

（4）审查投标资格。

（5）分发招标文件等相关资料，收取投标保证金。

（6）投标方进行现场答疑。

（7）评标组织进行开标会议、资格审查。该阶段由招标办主持，投标人、评标委员会、实施部门、监督部门参加。招标办对开标过程进行详细记录，并对有关资料存档备案。必要时，监督部门要对现场进行拍照或录音。

（8）审查投标文件，评标。

（9）确定中标方，发出中标通知书。

（10）签订合同。

四、石油企业招标管理过程中的问题

投标方与招标方信息不对称。石油企业的招标过程中，双方信息是不对称的。比如说采购问题的招标，信息不对称主要是由于石油企业招标公开范围有限、招标采购对象不明确、招标和投标程序不规范等诸多问题，导致供应商对监督的依据不是很清楚。在招标之前，石油企业招标单位不知道投标单位的信息，但是想要以最低的价格从投标单位处购得；而投标单位也不清楚其他投标单位的信息，但是要在满足石油企业招标要求的情况下以最高的价格中标，即实现自身利益的最大化。所以双方为以满足本方的利益，容易出现"暗箱"操作。

技术监督不完善。这里所说的技术监督，指的是石油企业招标过程中评标小组的评标工作。其实，《招标投标法》中已经明确规定了评标委员会的组成标准。中国石油采购方面，评标委员会的专家组成是分为两大部分，一部分通过从专家库中随机抽取，占总人数的 2/3；另一部分则由项目所在企业的专家的产生，占总人数的 1/3。

对于这种设计监督制度，目前仍需要改进。我们知道，从专家库中随机选出的 2/3 专家们专业范围比较广，很有可能不是本专业的专家。所以虽然这种做法在一定程度上保证了评标的公正性，但也可能导致专家们因为专业不对口而无法对评标具体细则做出准确的判断和评价。

石油企业的招标的多头管理。众所周知，一个企业进行招标工作，虽然可以根据《招标投标法》中对石油企业的细则来实行，但仍有很多法则熟手无策的地方。比如说物资采购的招标管理，通常存在着多头管理的问题。物资的供应难免涉及多个部门，就无法避免部门之间为保证自身利益而产生的多头管理问题，同时，由于管理层与执行层的职权交叉，也会让管理部分参与到本该由执行层决定的问题中来，导致招标采购行为的不合规范。

四、石油企业招标管理过程问题的解决

标书全面、准确。招标文件的重要性不言而喻，它不仅是本企业的需求体现，也是投标文件的依据。因此，投标方必须做到招标，投标文件要全面、准确地响应招标文件的要求。在这过程中，招标书的一点小误差都可能影响到最终的招标结果。所以，还需要做到

对各个问题的全面理解，投标方对于招标书有不理解的问题要及时与石油企业的招标单位等联系，要求澄清和补偿。

企业内部招标管理体制的完善。石油的招标工作是管理和执行分开的。石油企业都有一定数量的管理人员和执行人员。就管理来说，投标的组织者拿到标书后，就应该认真分析，明确企业各个层面的管理职责和定位等。然后，还要根据职责范围制订相关制度标准，当然这些具体制度的编制还需要同执行人员协商，在执行方面，执行人员要按照制度执行。

总而言之，就是管理部门为执行部门提供标准和指导，同时也要依靠制度加强管理、提升管控能力。

科学、廉洁的管理方法。石油企业的招标管理要严格规范，实施科学管理，可以有效提高企业的经济收益，降低招标成本。所以一直以来，招标工作都是企业职工关注的热点，同时也是矛盾聚集的焦点。科学有效的投标管理，可以帮助企业树立成本效益观念，加强石油企业招标内部的成本管理工作，以提高石油等资源利用率，既保证了石油企业招标工程的顺利实施，又能控制成本，让企业稳定地运行。

规范市场环境。对于石油企业来说，一个诚信开放，竞争有序的市场环境可以保证招标和投标的有序进行，也可以提供更广阔的发展平台。因此，企业也应该努力加入到建立公平公正公开的市场规则中来，鼓励各类企业同台竞争。另外，还可以通过推行战略合作，使得各个企业的资源市场集中起来，增强国外市场竞争力。让这块石油市场受到更多合作伙伴的青睐，展现我们的发展潜力和市场规模，以吸引更多优秀的企业良性竞争，共同进步。这样才能适应市场化社会化国际化趋势，让我们的石油企业在竞争中不断提高自身。

综上所述，招标管理已经逐渐成了企业管理活动的关键环节。如何控制好招标的问题越越来来受关注，这对降低成本、提高质量、规范管理有着举足轻重的作用。石油作为国家的重要战略资源，更是有着其他资源无法比拟的重要地位。要加强石油企业的对外合作，规范企业的招标程序尤为关键。因此，企业要做到完善招标管理制度，掌握招标过程中的要素，维护市场招标投标环境等，以保证本企业的招标工作能够顺利进行，企业自身得到更好的发展。

第九节　统计分析在企业经营管理中的应用

在我国高速发展的过程中，统计分析是现代企业管理中必不可少的一项工具，其可以全面充分地展现企业实际经营状况及未来发展趋势。伴随科学技术的不断发展，各式各样先进技术的推陈出新为统计分析的发展创造了良好契机，也使企业应用先进技术的水平逐步提升。本节通过阐述统计分析及其在企业管理中的应用成效，分析现阶段企业管理中存在的主要问题，对统计分析在企业管理中的应用措施展开探讨，希望为研究运用统计分析、促进企业有序健康发展提供一些思路。

近年来，随着经济的发展，各国之间的交流合作愈加频繁。在经济全球化的背景下，高新技术企业的战略成本管理与传统的成本管理有了很大的区别，传统的成本管理已被战略成本管理取代。随着经济全球化的加快，我国的企业管理也发生了翻天覆地的变化。如今市场中，各个企业之间的竞争越来越激烈，一个企业要想脱颖而出、超越其他的企业，就必须组建适合本企业发展的战略成本管理模式，战略成本管理模式弥补了传统管理模式的不足，在企业的发展中具有重要的作用。

一、统计分析在企业经营管理中的重要作用

首先，企业的统计分析工作能够客观反映企业在特定时间段内的经营管理状况。就宏观层面来说，可以反映企业的经营管理规模、资产等自然属性特征，还可以反映企业的财政收支状况、负债状况等社会属性特征；就微观层面来说，可以客观反映企业的商品生产质量、新产品以及销售额等。企业管理者可以以此为依据判断企业未来的发展趋势和管理工作需求。其次，企业的统计分析工作能够反映企业的经营规模以及客观结构。通过统计分析工作，一方面可以反映企业的生产规模、人力资源安排、销售额等，另一方面可以客观反映企业产业结构、人力资源结构和产品质量结构、技术结构等。此外，企业管理者可以依据统计分析工作得出的数据，确定企业的发展速度和经济增长率等，进一步量化企业人力、物力情况。除以上作用之外，企业管理者还可以通过获得企业产品在返修、售后服务质量上的数据，明确改进路线，并依据大数据制定改进决策。最后，统计分析工作还具有反映企业内外部关系的作用。市场经济体制影响下，企业的经营管理活动都和市场建立了关系，企业之间的经济活动相互牵绊和联系。企业受到市场资源配置以及产品需求、企业规模等客观条件的影响，这些要素随时依据市场变动而发生变化，这就要求企业通过统计分析工作预测市场变化，并提出应对措施。因此企业只有充分利用真实、客观、可靠的统计分析工作才能掌握竞争、合作关系，获知消费者反馈和市场开发信息，优化企业管理工作措施，为企业制定长远目标提供依据。

二、企业统计中存在的不足

为了使企业保持稳定有序的发展，严格的统计制度是必不可少的。在企业的生产和经营中，固然存在很多要素，但归根结底，企业发展的核心是产值和销量。笔者在实际调查和研究中发现，企业的统计工作的开展并不尽如人意，存在一些明显的不足。这些不足主要表现为以下几个方面：首先，对统计工作的认识和重视不足。有些企业管理者认为，在计划中，企业的一切生产经营活动都都会有良好的结果，而统计就属于计划的产物，这种认识无疑从主观上限制了统计的地位和作用；有些企业经营管理者认为，统计工作只是一

种数据上报工作，只是为了应付上级或主管部门，对企业的经营和发展并没有任何好处；还有一些企业的经营管理者认为，统计工作只是对企业生产规模的反映，而企业的主要经营目的是盈利，要想实现企业的盈利，只要控制好财务与会计工作就够了，不必重视统计工作。其次，企业的统计制度不健全，统计方法不够客观和科学。最后，由于对统计工作的轻视，导致企业统计人员素质不高。上述原因也引发了企业统计工作的另一个不足，即统计数据、结果失真，导致企业管理者对统计数据缺乏信任，统计结果因这种不信任形成了更大的偏差……一个恶性循环就这样逐步形成了，这不利于企业统计工作的开展以及企业的经营管理。

三、统计分析在企业管理中的应用措施

（一）统计分析在企业经营中的应用

在企业经营管理中，统计分析起到至关重要的作用。统计分析在企业经营管理中的应用，可获取一系列数据，该部分数据是企业现阶段经营发展状况的明确体现，可充分明确地实现对客观现象的科学描述，消除传统人为分析过程中存在的各种不足。当然，该部分数据还需要进一步分析，如果仅停留在前期阶段，则难以提炼数据中有价值的内容，只有深入挖掘这些数据潜在的价值，将它们转化成对企业经营管理的认知，才可以基于对数据的有效了解，进一步全面把握企业发展动向。在此期间，还可以找出企业经营管理中存在的相关问题，分析引发问题的原因，制定问题的解决对策，促进企业经营管理的有序开展。

（二）在企业经营过程中

统计分析在企业经营过程中的应用极为广泛且重要。企业利用统计分析工作获得反映企业经营管理状况的客观数据，管理者能够以这些数据为基础，客观认识市场需求、变化以及客观经济规律、市场发展趋势，依据统计分析给出的描述，能够避免人为管理过程中出现漏洞，提升管理工作效率。统计分析工作需要逐步深化，如果仅仅停留在数据收集、整理、汇总阶段，则无法获得有效信息，其对现实工作的辅助作用也不大。统计分析工作者只有在汇总和分析数据的基础上，获得其中的精髓部分，才能够帮助企业决策者掌握核心信息，找到企业经营管理过程中存在的问题和漏洞，并分析原因，找到改革措施和方法，促进企业内部管理层、生产技术和管理策略逐步得到优化。

（三）提高统计人员的工作水平，充分发挥统计人员的作用

统计人员是统计工作的操作者，统计人员的职能就是统计企业的数据等，然后将统计的数据上报到企业的相关部门，并处理和分析数据。第一，要提高统计人员的思想修养和职业道德水平。统计工作是一项枯燥、无聊的工作，很多人都不愿意从事这一工作，它需要很强的严谨性，稍不细心就会导致数据错误，使领导决策出现失误，给企业带来损失。

因此，统计人员一定要严谨、细心、耐心，并做到及时、准确。第二，统计人员要有责任心。统计人员既然从事这一职业，就要认真负责，要意识到统计对企业发展的重要性。统计信息是企业发展的基础，处理、分析统计信息后，企业人员能够清楚地了解企业的经营情况。与其他的企业对比，找到本企业发展中存在的问题和不足，及时改进，促使企业更好地发展。第三，要努力提高统计人员的专业知识和业务水平。统计人员不仅要了解本企业业务，还需了解本行业相关知识，同时熟练掌握统计应用软件以及计算机相关统计表格的应用，能熟练应用相关表格分析、对比数据，一般都需要对近 3 年或近 5 年的企业数据做图解分析，既直观又易于分析，对领导的决策有很大帮助。

（四）企业经营管理渗透企业统计

统计信息及时与否与整个企业经营管理的关系十分密切。统计人员除了要按领导和管理部门的要求提供及时的统计服务外，更应该树立主动参与企业管理的意识。统计工作反映的是上期经营的状况，能够作为企业今后经营决策的依据，是各项计划的前提条件。统计人员必须从意识上参与管理，从点滴的小事做起，为管理工作提供及时信息，为领导决策提供依据。例如，笔者和同事们为了配合节能减排工作，统计人员每个月末都会贴出一张用电情况公告，用红色提示及时警告用电量急升的基层单位，请相关人员及时找出原因。统计人员要设身处地从领导角度考虑，根据工作的周期性特点及当前中心工作，确定在什么时间需要什么数据，是历史数据、现实数据还是预测数据，要做哪些方面的分析对比等，从而主动、及时地提供统计数据。在遇到上级检查工作、外出汇报交流、专项工作及突发事件时，统计人员要主动与领导和有关人员沟通，提供相关数据，并提出分析咨询建议。统计人员要坚持主动参与，逐渐成为领导工作的得力助手和专业管理部门的参谋，在企业管理中发挥重要作用，得到领导的重视和同事们的信任。

（五）统计分析在企业财务管理中的应用

第一，优化企业财务管理结构。对于企业财务管理工作中产生的大量信息数据，应统一处理及科学分析。通过对统计分析的应用，可以很好地简化和统一企业财务数据处理工作，进一步避免传统财务管理中可能出现的问题。现代企业要想实现健康有序发展，在激烈的市场竞争中占据有利位置，就必须应用统计分析，逐步推进企业当前财务管理模式的发展创新，依托对企业及市场发展的科学分析，逐步健全企业财务管理制度，进而逐步提高企业经济效益。第二，强化企业财务控制。企业要想提高资金营运效率、有效优化资金结构及负债比例，同样需要应用统计分析。企业在优化资金结构的过程中，必须确保自身具备一定的现金付款能力，为企业日常资金的灵活运转提供可靠保障。在此期间，应用统计分析有效预测市场波动、贷款难度等相关因素，进一步明确企业最理想的现金持有量。统计分析还可应用于企业收账管理，应收账款产生后，通过有效应用统计分析，确保账款如期收回。如果账款拖欠时间过久，便会转变为坏账，使企业遭受严重的经济损失。

（六）在企业的决策性分析中

企业决策制定对于企业整体经营管理环节具有显著影响，正确的企业决策对企业发展来说能够起到引领和决定性作用。信息化时代背景下，企业的信息化建设工作不断深化，企业需要和外部世界建立联系，依据市场发展制定决策，这就要求企业获得市场信息并处理分析，得出结论，为决策提供依据。首先，企业要客观认识市场供求关系，确定消费群体，了解消费者特点；其次，分析客观社会环境并准确把握整体消费水平，把握企业的经营管理命脉；最后，企业要准确认识自身，对自身的行业竞争力有准确了解，然后根据竞争需求不断完善自身、反思自我、调整策略、获得进步。

（七）企业加强统计分析工作

企业的统计工作分为几个步骤，包括数据的采集、整理、分析这三个部分。其中，数据的分析是统计中最为重要的一个环节，可以为企业的发展提供依据。一方面，数据的分析有利于企业及时了解本公司的发展状况，发现公司的哪些措施有利于公司的发展，哪些措施不利于公司的发展，以便及时改进公司的发展战略，促进企业的发展；另一方面，通过数据的统计分析，可以和其他公司形成对比，找到本公司最强力的竞争对手。然后学习其他公司先进的方面，弥补本企业的不足，不断地改进和优化企业，使本企业不断地发展壮大。

（八）统计分析在企业过程分析和阶段分析控制中的应用

在企业实现经营目标的过程中，难免会出现一些不可预知的情况，对此，企业必须及时分析并找到解决的方法。企业可以按照之前发生的类似情况，运用统计分析工具展开分析研究，在找到相关规律之后与此情况对比，获得相关的统计结果。通过这样，企业不但能够在企业经营过程中更加准确地了解市场需求，实现发展目标，还能在企业生产过程中通过统计分析方法追踪分析企业经营指标，更加准确地确定自己的经营目标。统计分析对企业发展有巨大作用，它不但可以分类、处理企业的所有数据，还可以通过对各类数据的综合来计算对比分析指标，可以通过对企业信息质量管理的加强来分析企业效益。因此，企业要高度重视统计分析，以推动企业的发展。在企业发展中，统计分析自始至终贯穿于企业生产经营管理的各个环节，是一个相当重要的管理手段与工具。尤其是统计分析可以为企业管理者提供决策依据。按照统计分析，企业管理者能够采取有效的管理措施，从而提升企业的效益，因此，我们要充分发挥统计分析的作用，促进企业快速健康发展。

（九）统计分析在企业人事管理中的应用

企业管理中，人要扮演管理者和被管理者的双重身份。要想确保企业人事管理工作的有序开展，人事管理现代化是企业首先要考虑的事情。统计分析在人事管理现代化中有至关重要的作用。企业人事管理中，统计分析可应用于对员工的整体分析、对员工一般信息的查询等工作。现代企业人事管理工作中包含的信息内容越来越庞大，对保密性提出了越来越高的要求，应用统计分析不仅可以科学地分析海量信息内容，还具备准确性。现阶段，统计分析在我国企业人事管理中已得到广泛的推广应用。

作为统计工作的重要组成部分，统计分析是通过对统计方法、分析对象关联理论知识的应用，结合定量分析与定性分析开展的研究活动。应用好统计分析的意义十分重大。在企业管理中，应用统计分析可以反映企业经营现状，预测企业发展趋势，是保证企业发展进步的重要工作。因此，相关人员必须不断研究、总结经验，全面分析现阶段企业管理中存在的主要问题，清楚地认识统计分析内涵及其在企业管理中的应用成效，结合企业实际情况，以加强统计分析在企业经营管理、企业目标管理、企业财务管理以及企业人事管理等管理中的科学合理应用，促进企业健康有序发展。

参考文献

[1] 张金浩，林绍良 . 浅析企业管理变革与创新 [J]. 现代企业文化，2015（33）：76-77.

[2] 郭曼 . 企业管理创新：互联网时代的管理变革 [J]. 中国科技产业，2012（4）：74.

[3] 孙永新 . 现代企业管理变革与创新 [J]. 中国商办工业，2002（6）：18-19.

[4] 张洪波 . 创新变革企业管理体系 [J]. 中国外资，2017（6）：88.

[5] 陈贤彬 . 企业管理会计信息系统构建研究 [D]. 广东财经大学，2017.

[6] 何倩梅 . 管理会计在中小企业中的应用研究 [D]. 华中师范大学，2017.

[7] 张咏梅，于英 . "互联网＋" 时代企业管理会计框架设计 [J]. 会计之友，2016，（3）：126-129.

[8] 强建国 . 管理会计在企业应用中存在的问题及对策 [J]. 科技与企业，2013，（22）：91.

[9] 官小春 . 高科技企业研发超越预算管理研究 [D]. 中南大学，2010.

[11] 杨伟明，孟卫东 . 联盟组合管理、合作模式与企业绩效 [J]. 外国经济与管理，2018（7）：32-43.

[12] 刘玉华 . 企业管理模式与企业管理现代化探讨 [J]. 市场观察，2018（7）：71.

[13] 宋新平，梁志强 . 浅谈企业管理模式与企业管理现代化 [J]. 中国商论，2017（4）：69-70.

[14] 张怀志，王苓 . 企业管理流程与企业管理效益提升 [J]. 中国新技术新产品，2015，12（10）：174-174.

[15] 王彬 . 浅谈企业管理流程与企业管理效益提升方法研究 [J]. 企业文化旬刊，2017，20（6）：182.

[16] 罗永旭 . 浅谈企业管理流程与企业管理效益提升方法研究 [J]. 科技创新与应用，2017，16（8）：266-266.

[17] 蒙宇村 . 基于业务流程管理视角探讨提高企业管理效率的途径 [J]. 中国管理信息化，2015，20（12）：54-54.

[18] 黄中恺 . 流程优化与企业效益提升的实证分析 [J]. 上海船舶运输科学研究所学报，2016，39（4）：60-66.